# O Dinheiro é Importante

Uma Abordagem Holística Para Alcançar Liberdade Financeira e Bem-Estar

Dan Desmarques

22 Lions

O Dinheiro é Importante: Uma Abordagem Holística Para Alcançar Liberdade Financeira e Bem-Estar

Escrito por Dan Desmarques

# Índice

# Introdução

O Dinheiro é Importante: Uma Abordagem Holística para Alcançar Liberdade Financeira e Bem-Estar o convida para uma jornada profunda de autodescoberta e transformação, onde os reinos da riqueza e da espiritualidade convergem para iluminar um caminho para o bem-estar holístico. Nessa exploração esclarecedora, você desvendará a intrincada tapeçaria de crenças, emoções e comportamentos que moldam seu relacionamento com o dinheiro e o sucesso.

Por meio das lentes da gestão ética da riqueza e do cultivo de uma mentalidade de abundância, este livro investiga os princípios fundamentais do alinhamento das metas financeiras com os valores pessoais e da promoção de um profundo senso de propósito e integridade em seus empreendimentos financeiros. Descubra o poder transformador de dominar suas emoções em relação ao dinheiro ao embarcar em uma jornada de autorreflexão e capacitação para reprogramar suas crenças e atitudes em relação à riqueza.

Com base na sabedoria da economia comportamental e nos ensinamentos espirituais, este guia oferece estratégias práticas e percepções para navegar pelas complexidades da tomada de decisões financeiras com clareza e atenção plena. Aprenda a transcender crenças limitantes, adotar uma mentalidade de riqueza e fazer escolhas conscientes que levem à prosperidade e à realização em longo prazo.

Desde a importância de superar as expectativas e alcançar a excelência em todos os empreendimentos até o potencial transformador do alinhamento dos valores pessoais com as metas financeiras, este livro fornece um roteiro para a criação de um relacionamento harmonioso com o dinheiro e a abundância. Adote uma abordagem holística para o bem-estar financeiro, na qual a integridade, a compaixão e o propósito convergem para guiá-lo em direção a uma vida de prosperidade e crescimento espiritual.

Embarque em uma jornada de autodescoberta, capacitação e transformação ao desvendar os segredos da riqueza e da espiritualidade. Permita que este guia abrangente seja seu companheiro enquanto você navega pela intrincada dança entre dinheiro e significado, levando-o a uma existência mais satisfatória e próspera.

# Capítulo 1: A Dança Simbólica do Dinheiro

No âmbito da experiência humana, o dinheiro tem um poderoso significado simbólico como representação de valor, riqueza e prosperidade. À medida que as pessoas navegam pelas complexidades de ganhar, gastar e administrar o dinheiro, elas se envolvem involuntariamente em uma dança simbólica mais profunda que reflete suas crenças, valores e atitudes em relação à abundância. Em sua essência, o dinheiro simboliza muito mais do que uma moeda ou um meio de troca. O dinheiro incorpora uma expressão tangível do valor, do sucesso e da capacidade de sustentar a si mesmo e aos outros. A busca pelo dinheiro geralmente está interligada à busca pela autoestima e validação em uma sociedade em que a realização financeira é frequentemente equiparada à realização pessoal.

Em toda a história e em todas as culturas, o dinheiro tem sido reverenciado como um símbolo poderoso de poder, status e influência. O acúmulo de riquezas é visto não apenas como um meio de satisfazer desejos materiais, mas também como um meio de obter reconhecimento social e estabelecer o próprio lugar na hierarquia social. O dinheiro proporciona uma sensação de segurança e estabilidade, permitindo que as pessoas controlem seu ambiente e moldem seu destino. Mas a natureza simbólica do dinheiro vai além de suas implicações materiais. O dinheiro serve como um espelho que reflete as atitudes da pessoa em relação à abundância, à escassez e ao fluxo de recursos em sua vida.

As pessoas que veem o dinheiro pelas lentes da escassez tendem a acumular, temem a perda e resistem a gastar, movidas por um medo profundo da falta. Por outro lado, aqueles que adotam uma mentalidade de abundância veem o dinheiro como um fluxo de energia que circula livremente para criar oportunidades de crescimento, contribuição e realização.

O simbolismo do dinheiro também se estende às noções de valor, merecimento e autoestima. Muitas pessoas vinculam seu senso de valor próprio ao sucesso financeiro, acreditando que seu patrimônio líquido define seu verdadeiro valor como indivíduo. Essa confusão entre riqueza e merecimento pode levar a um ciclo perpétuo de esforço, conquista e nunca se sentir verdadeiramente realizado, pois os marcadores externos de sucesso não conseguem preencher o vazio interior. Além disso, o dinheiro serve como uma linguagem simbólica por meio da qual as pessoas expressam seus valores, prioridades e aspirações mais profundos.

A forma como as pessoas ganham, gastam e investem seu dinheiro reflete suas crenças subjacentes sobre o que mais importa na vida - seja segurança, prazer, status, contribuição ou crescimento pessoal. Ao examinar seus hábitos e escolhas financeiras, obtemos uma visão de seus valores fundamentais e das narrativas que orientam suas ações. Podemos até mesmo avaliar as motivações e o nível de determinismo de uma pessoa avaliando suas atitudes em relação ao dinheiro. Da mesma forma, podemos prever com precisão seu sucesso futuro simplesmente porque vivemos em um mundo em que sucesso e dinheiro estão interligados.

Na grande tapeçaria da vida, o dinheiro surge como um símbolo multifacetado que entrelaça fios de poder, segurança, valor e autoexpressão. Decodificar sua linguagem simbólica é desvendar percepções profundas sobre o relacionamento de uma pessoa com a abundância, o sucesso e as infinitas possibilidades que estão além do reino financeiro.

O caminho espiritual de uma pessoa é determinado por sua relação com o dinheiro. Portanto, ao adotar uma compreensão holística do dinheiro como um símbolo, podemos transcender suas restrições materiais e aproveitar seu poder transformador para criar uma vida de abundância e significado profundo.

# Capítulo 2: A Jornada Alquímica do Dinheiro

Ao longo da história, o dinheiro passou por uma transformação fascinante, evoluindo de uma representação simbólica de valor para um meio prático de troca.

Nos tempos antigos, o conceito de dinheiro estava profundamente entrelaçado com o simbolismo de poder, riqueza e controle. Inicialmente, o dinheiro era percebido como uma forma de energia essencial para adquirir uma vida melhor, aumentar o conforto e garantir necessidades básicas, como assistência médica; em épocas anteriores, o dinheiro era simbolizado por sangue, representando a aquisição brutal de recursos por meios violentos. Era uma época em que o acúmulo de riquezas geralmente envolvia atos de agressão e dominação, exemplificados pelos vikings e outras culturas conhecidas por suas conquistas e riquezas adquiridas por meio de atos bárbaros.

Com o avanço das sociedades, o dinheiro passou a simbolizar a terra, significando a propriedade da terra e o surgimento do tribalismo, das organizações e dos sistemas bancários. Essa era marcou o início do uso da agricultura como meio de acumular riqueza e estabelecer estruturas sociais baseadas na propriedade da terra e na produtividade agrícola.

Depois, com o advento da Idade das Trevas, surgiu a associação do dinheiro com metais como ouro e prata. Durante esse período, o dinheiro foi percebido como um metal valioso, solidificando ainda mais seu papel como um símbolo proeminente de riqueza e prosperidade em várias culturas.

Ao longo do tempo, a evolução do dinheiro seguiu um padrão cíclico que reflete os elementos - água, terra e metal. No entanto, o gráfico alquímico sugere a ausência dos elementos fogo e madeira, sugerindo a evolução iminente do sistema econômico. A era atual, representada pela madeira, significa uma possível mudança para um sistema econômico em colapso devido a uma dependência excessiva do papel-moeda derivado da madeira.

Olhando para o futuro, a narrativa do dinheiro entrará em uma nova fase com o surgimento de moedas digitais, como o bitcoin, e a possível integração de microchips RFID como forma de transação. Essa transformação ressalta a necessidade de se adaptar aos cenários econômicos em constante mudança e de compreender o valor simbólico intrínseco do dinheiro além de sua representação material: em essência, a evolução histórica do dinheiro revela seu profundo significado como uma linguagem simbólica que reflete valores sociais, dinâmicas de poder e paradigmas econômicos.

Ao explorar a jornada simbólica do dinheiro, do sangue aos metais e além, obtemos percepções valiosas sobre a intrincada relação entre riqueza, simbolismo e a natureza evolutiva dos sistemas financeiros. O conceito de dinheiro como energia investiga a profunda compreensão de que o dinheiro transcende sua forma material e serve como uma força vital que molda nossas vidas. Além de sua função tangível, o dinheiro incorpora uma representação simbólica de riqueza, valor e prosperidade.

Entender o dinheiro como energia significa reconhecer sua capacidade de influenciar vários aspectos de nossa existência, desde nosso bem-estar material até nossos reinos emocional e espiritual. Como o dinheiro incorpora uma forma de energia que permeia todos os aspectos da vida humana, a relação entre dinheiro e saúde ressalta a interconexão do bem-estar financeiro e geral.

Adotar uma mentalidade de abundância e compreender o fluxo energético do dinheiro pode levar a maiores oportunidades de crescimento, sucesso e realização. Ver o dinheiro como energia convida as pessoas a explorar uma conexão mais profunda com seus recursos financeiros e o poder simbólico que eles possuem. Ao alinhar nossas crenças, atitudes e ações com a essência energética do dinheiro, podemos aproveitar seu potencial transformador para criar abundância, prosperidade e uma vida equilibrada, enraizada em propósito e significado.

# Capítulo 3: A Natureza Ilusória do Dinheiro

Entender as leis espirituais do dinheiro conduz a uma intrincada relação entre espiritualidade e abundância financeira que transcende as noções convencionais de riqueza. O conceito de dinheiro como uma forma de energia entrelaçada com princípios espirituais molda as atitudes, crenças e ações individuais em relação à aquisição de riqueza e prosperidade.

Um dos aspectos fundamentais iluminados pelas leis espirituais do dinheiro é a conexão entre o valor interno de uma pessoa e as manifestações externas de riqueza. O dinheiro é visto como um reflexo do valor da alma de uma pessoa, enfatizando a importância de alinhar suas ações e intenções com princípios espirituais mais elevados para atrair a abundância. Ao elevar a consciência e expandir a percepção espiritual, podemos aproveitar o fluxo da prosperidade e criar um equilíbrio harmonioso entre a riqueza material e o crescimento espiritual.

A natureza espiritual do dinheiro ressalta a importância de agregar valor aos outros como um caminho para a abundância financeira. A lei da reciprocidade desempenha um papel crucial na criação de riqueza, enfatizando a importância de retribuir à sociedade, apoiar causas beneficentes e contribuir para o bem-estar dos outros. Ao entender que a riqueza é um subproduto do fornecimento de valor e do impacto positivo no mundo, podemos aproveitar o fluxo da abundância de acordo com os princípios universais.

Além disso, as leis espirituais do dinheiro enfatizam o papel da intenção, da gratidão e da mentalidade na atração da prosperidade. Cultivar uma mentalidade de abundância e gratidão, ao mesmo tempo em que estabelecemos intenções claras para as metas financeiras, nos capacita a manifestar abundância e oportunidades em nossa vida. Ao alinharmos pensamentos, emoções e ações com vibrações positivas de abundância, podemos magnetizar a riqueza e liberar o fluxo de prosperidade de acordo com as leis espirituais.

As leis espirituais do dinheiro também iluminam a relação entre crescimento pessoal e sucesso financeiro. A transformação interior, a autoconsciência e a evolução espiritual são componentes integrais da manifestação da riqueza, enfatizando a jornada de autodescoberta e autodomínio como elementos essenciais para atrair a abundância financeira. Ao priorizar o desenvolvimento pessoal, expandir a consciência e integrar práticas espirituais na vida cotidiana, as pessoas podem elevar sua realidade financeira e cultivar uma abordagem holística para a criação de riqueza.

Em essência, as leis espirituais do dinheiro servem como princípios orientadores que iluminam a conexão sagrada entre espiritualidade e riqueza. Ao incorporar princípios de generosidade, integridade e alinhamento com a consciência superior, podemos transcender as limitações materiais e entrar em um reino de possibilidades ilimitadas e abundância.

A integração harmoniosa dos valores espirituais com as buscas financeiras não apenas enriquece a vida material de uma pessoa, mas também nutre a alma, promovendo um senso mais profundo de propósito, realização e prosperidade em alinhamento com o fluxo universal de abundância.

O dinheiro é essencialmente uma construção baseada em confiança, segurança e acordo social. O valor atribuído ao dinheiro não é intrínseco, mas sim um produto de crenças coletivas, sistemas econômicos e construções sociais. No entanto, para compreender a natureza ilusória do dinheiro, é necessário um exame crítico de seu significado simbólico e do papel que o dinheiro desempenha na formação das experiências e interações humanas.

O impacto da ilusão do dinheiro vai além do domínio da riqueza material e se estende a dinâmicas complexas de poder, status e autoestima. A sociedade geralmente equipara o sucesso financeiro ao valor pessoal, levando os indivíduos a associar sua autoestima e identidade a seus ativos monetários. A ilusão do dinheiro perpetua um ciclo de desejos materialistas, criando uma busca constante de riqueza como medida de felicidade e realização, e se cruza com dimensões espirituais e filosóficas mais profundas que refletem a interconexão dos reinos material e imaterial.

Embora o dinheiro facilite as transações econômicas e a aquisição de materiais, sua natureza ilusória desafia as pessoas a questionar a verdadeira fonte de abundância e satisfação.

Desvencilhar-se da ilusão do dinheiro envolve uma jornada de autoconsciência, introspecção e reavaliação das crenças fundamentais sobre riqueza e sucesso, com a ilusão do dinheiro servindo como porta de entrada para investigações filosóficas mais profundas sobre a natureza da riqueza, do valor e da percepção humana.

Ao transcender o verniz material do dinheiro e explorar sua essência simbólica, as pessoas podem descobrir verdades profundas sobre a interconexão da abundância, da espiritualidade e do crescimento pessoal. Adotar uma visão holística do dinheiro que reconhece sua natureza ilusória pode levar a uma mudança de mentalidade que promove um senso mais profundo de realização, propósito e resiliência diante das ilusões materiais.

# Capítulo 4: O Equilíbrio Entre Desenvolvimento Espiritual e a Prosperidade Financeira

A sabedoria obtida a partir da eterna conexão entre espiritualidade e riqueza oferece percepções profundas sobre a experiência humana. Em sua essência, a relação entre espiritualidade e riqueza é de simbiose, não de conflito.

A narrativa que coloca a realização espiritual contra a riqueza material simplifica demais a interação dinâmica entre essas forças. Em vez disso, uma perspectiva diferenciada revela que elas podem se complementar e se enriquecer mutuamente quando abordadas com atenção plena e sabedoria, e que a base dessa harmonia está no reconhecimento de que a riqueza e a espiritualidade não são entidades distintas, mas sim vertentes interconectadas da experiência humana.

A jornada para o sucesso financeiro pode coexistir com o crescimento espiritual quando guiada por princípios de integridade, compaixão e propósito. Alcançar o equilíbrio entre os dois envolve navegar pelo mundo externo da riqueza monetária e, ao mesmo tempo, nutrir o cenário interno do bem-estar espiritual.

O ponto central desse entendimento é o conceito de que a riqueza não é inerentemente antitética à espiritualidade. Em vez disso, é a intenção por trás do acúmulo de riqueza e a maneira como ela é usada que determina seu alinhamento com os valores espirituais.

O dinheiro, quando ganho e usado conscientemente, pode ser uma ferramenta para a transformação positiva e o serviço aos outros. Mas o equilíbrio entre espiritualidade e riqueza não é isento de desafios. A sedução do sucesso financeiro pode, às vezes, desviar as pessoas do caminho certo, fazendo com que elas priorizem o ganho material em detrimento do crescimento espiritual.

Por outro lado, um foco singular em buscas espirituais sem considerações financeiras pode prejudicar a capacidade de uma pessoa de lidar com os aspectos práticos da vida no mundo material.

Alcançar um equilíbrio entre esses domínios requer um esforço consciente para integrar práticas espirituais na vida cotidiana e, ao mesmo tempo, abordar a responsabilidade financeira a partir de um ponto de vista ético. Ao adotar uma abordagem holística que honre as dimensões espirituais e materiais da existência, os indivíduos podem colher as recompensas da prosperidade e, ao mesmo tempo, permanecer fundamentados em valores espirituais.

Além disso, as lições aprendidas com a interseção da espiritualidade e da riqueza transcendem as meras buscas monetárias. Elas ressaltam a importância de alinhar as ações de uma pessoa com princípios mais elevados e promover uma atitude de abundância baseada na integridade e na compaixão. Ao incorporar esse relacionamento harmonioso, as pessoas podem navegar pelas complexidades da vida com graça e propósito.

A interação entre espiritualidade e riqueza oferece uma tapeçaria de lições que iluminam o caminho para o bem-estar holístico. Ela nos convida a transcender a dicotomia materialismo versus espiritualidade e a adotar um modo de vida mais integrado e autêntico - que honre tanto o crescimento da alma quanto a prosperidade do reino material.

No âmbito do bem-estar financeiro e do desenvolvimento pessoal, a arte de administrar o dinheiro surge como um pilar de força e crescimento. Precisamos saber como lidar com nossas finanças com sabedoria e previsão para o progresso holístico. Mas no cerne da gestão eficaz do dinheiro está o conceito de criar dinheiro, e não apenas ganhá-lo. Ao criar valor e compreender o valor intrínseco das ideias, podemos navegar no cenário financeiro com uma nova perspectiva.

A noção de que a venda de ideias é a verdadeira essência da arte, e não a arte em si, ressalta a noção de que o valor e a demanda se cruzam para moldar empreendimentos prósperos, e o princípio de se cercar daqueles que são valorizados e de se envolver em empreendimentos que são percebidos como valiosos ressalta a essência do alinhamento dos valores pessoais com as buscas financeiras. Enfatizar a importância de atender às necessidades em vez de impor a vontade ilustra as sutilezas de atender às necessidades dos consumidores e promover o sucesso de longo prazo nos empreendimentos comerciais.

Basicamente, precisamos de uma abundância de oferta, qualidade e atenção às necessidades do cliente para promover a satisfação e impulsionar a demanda. A ideia por trás do fornecimento de mais valor do que foi solicitado exemplifica o ethos de superar as expectativas e oferecer excelência em todos os empreendimentos, seja escrevendo livros ou administrando uma empresa.

Além disso, explorar o poder transformador de dominar as emoções associadas ao dinheiro revela uma abordagem autoterapêutica para reprogramar crenças e atitudes sobre riqueza. Por meio de exercícios que personificam o dinheiro como um amigo e demonstram amor e apreço pela abundância financeira, podemos mudar nossa mentalidade em direção à prosperidade e à riqueza.

# Capítulo 5: A Interação Entre Confiança e Riqueza

A intrincada interação entre dinheiro e confiança revela uma relação fundamental que molda nossas percepções e interações com a riqueza. O dinheiro, como um conceito valorizado pela confiança, está intrinsecamente ligado à confiança que depositamos em sua representação e utilidade. O valor percebido da moeda está intimamente ligado ao grau de confiança que temos na estabilidade e confiabilidade do sistema econômico que a sustenta.

O valor que atribuímos ao dinheiro não se baseia apenas em sua forma material, mas está profundamente enraizado na confiança que temos em sua capacidade de funcionar como meio de troca, reserva de valor e unidade de conta. Essa confiança na moeda que usamos é essencial para o bom funcionamento das transações econômicas e para a estabilidade geral dos sistemas financeiros.

A confiança também desempenha um papel fundamental na determinação do valor percebido de bens e serviços trocados por dinheiro. Quando a confiança entre compradores e vendedores é alta, é provável que o valor percebido dos produtos que estão sendo trocados aumente, levando a resultados mais favoráveis para ambas as partes.

Por outro lado, a falta de confiança pode prejudicar o valor percebido das transações, criando incertezas e dificultando as interações econômicas. Mas a relação entre confiança e riqueza vai além das transações individuais e abrange dinâmicas sociais e culturais mais amplas. O valor social, assim como o valor percebido de um indivíduo em uma comunidade, está intimamente ligado ao nível de confiança e respeito que ele possui.

A construção de confiança com os outros aumenta o valor social de uma pessoa e abre oportunidades de colaboração, crescimento e prosperidade; e a confiança serve como um componente essencial para criar e manter relacionamentos pessoais e profissionais que podem levar ao sucesso financeiro.

Interações confiáveis promovem um senso de segurança e previsibilidade, permitindo que uma pessoa se envolva em empreendimentos econômicos com confiança e confiabilidade. Além disso, a confiança em si mesmo e em suas habilidades desempenha um papel central na capacitação e na criação de riqueza. Acreditar na própria capacidade de atingir metas financeiras e tomar decisões acertadas é essencial para o sucesso empresarial e o acúmulo de riqueza.

Em suma, a intrincada relação entre dinheiro e confiança ressalta o profundo impacto da confiança e da confiabilidade sobre o valor percebido da riqueza e das interações econômicas.

A confiança serve como orientação na formação de nossas crenças, comportamentos e relacionamentos com o dinheiro, influenciando não apenas os resultados financeiros individuais, mas também as percepções sociais e culturais mais amplas de valor e riqueza.

Como resultado, em nosso mundo moderno, o dinheiro serve como um espelho que reflete os valores sociais, a dinâmica de poder e os padrões de distribuição. Como os indivíduos atribuem valor ao dinheiro em nível pessoal e comunitário, o conceito de moeda transcende sua forma física para se tornar um símbolo de confiança, valor social e poder de transação. Essa conexão entre confiança, valor e dinheiro forma a base das transações econômicas e das hierarquias sociais, e um olhar mais atento ao impacto social do dinheiro revela realidades gritantes sobre os diferenciais de poder, a desigualdade econômica e a estratificação social.

Assim, a distribuição de riqueza em uma sociedade reflete não apenas as desigualdades financeiras, mas também as desigualdades fundamentais no acesso a recursos, oportunidades e mobilidade social. A correlação entre riqueza e privilégio ressalta as injustiças sistêmicas perpetuadas pela distribuição desigual de riqueza, e o papel do dinheiro na formação das estruturas sociais é evidente nas áreas de emprego, educação e qualidade de vida. As pessoas geralmente trocam seu tempo e trabalho por uma compensação monetária, com implicações para o bem-estar, a realização e o status social. Mas o impacto do dinheiro na educação ressalta as disparidades no acesso às oportunidades de aprendizado, perpetuando ciclos de privilégio ou desvantagem.

Um aspecto essencial do estudo do dinheiro na sociedade é entender a relação entre produtividade, eficiência e criação de valor. Os ganhos de produtividade impulsionados por incentivos econômicos destacam o intrincado equilíbrio entre o esforço individual, a recompensa econômica e o progresso da sociedade. O alinhamento das habilidades individuais, da demanda do mercado e do valor econômico ressalta a interconexão da criação de riqueza em um contexto social.

Desvendar as implicações sociais da distribuição de dinheiro revela que a riqueza é mais do que um ativo financeiro - ela incorpora poder social, influência e oportunidade. Aqueles que ocupam posições de privilégio econômico geralmente exercem influência significativa sobre as estruturas sociais, moldando políticas, prioridades e alocações de recursos. Essa concentração de riqueza e poder destaca a necessidade de mecanismos de distribuição equitativa e políticas sociais que promovam a inclusão e a justiça econômica.

No entanto, ao examinar criticamente o impacto social do dinheiro e seus padrões de distribuição, podemos lutar por uma estrutura econômica mais equitativa, inclusiva e responsável que eleve as comunidades, fomente o empoderamento e promova a prosperidade sustentável para todos os membros da sociedade.

# Capítulo 6: O Caminho Para a Prosperidade Sustentável

Um dos princípios fundamentais enfatizados na exploração de estratégias de negócios eficazes é o alinhamento da mente, da consciência e da ação na jornada empresarial. É fundamental reconhecer que uma abordagem holística que englobe aspectos espirituais, psicológicos e monetários é essencial para manter o equilíbrio e promover a prosperidade em longo prazo.

A interconexão desses elementos ressalta a importância do crescimento e da evolução contínuos, tanto na esfera pessoal quanto na empresarial, e o conceito de falência serve como um lembrete das consequências do desequilíbrio e da negligência no cenário empresarial. Considerar a falência não apenas como um fracasso financeiro, mas como um colapso holístico que engloba facetas espirituais, psicológicas e monetárias, leva a uma introspecção sobre as implicações mais profundas da riqueza e do sucesso.

Compreendendo que o dinheiro tem significado além de sua forma material e que o alinhamento estratégico com o propósito e os valores de uma pessoa é essencial para o crescimento sustentável dos negócios, os empreendedores bem-sucedidos geralmente transcendem o fascínio do ganho imediato e priorizam estratégias de longo prazo em detrimento de buscas de curto prazo.

Uma abordagem com visão de futuro que se concentra na criação de valor duradouro, no cultivo de relacionamentos com os clientes e no investimento em soluções inovadoras distingue os melhores empreendedores dos demais. A ênfase em estratégias em vez de produtos ressalta o valor do planejamento visionário e da adaptabilidade em um cenário de negócios em rápida evolução. Essa atitude exige que confiemos em nós mesmos e nos outros, tanto no planejamento quanto na comunicação.

Essa confiança aparece em nossa vida por meio de nossa autodeterminação e disciplina, pois não podemos confiar em nós mesmos se não conseguirmos controlar nossos próprios instintos e, em vez disso, aceitarmos a preguiça. Tal confiança se manifesta quando nos comunicamos com os outros com a capacidade de rejeitar qualquer forma de conversa que anule nosso potencial de alcançar nossos resultados.

Na verdade, antes de encontrarmos pessoas que nos façam as perguntas certas, precisamos nos livrar das pessoas que insistem em fazer os julgamentos mais negativos ou, pelo menos, deixá-las fora de nossos planos. Mais tarde, ao desenvolvermos nosso plano de negócios, a confiança aparecerá em nossa comunicação com os consumidores.

Os artistas geralmente são pobres, não tanto por causa da inevitabilidade de sua própria singularidade, mas por causa de sua falta de capacidade de se comunicar efetivamente com os outros. Certa vez, conheci um escritor que se queixava de não conseguir ganhar muito dinheiro e, durante a conversa, ele também admitiu que era muito rude com seus seguidores. E a pergunta é: como você pode esperar que as pessoas que você antagoniza o amem pelo que você faz?

Muitos escritores se esquecem de que, ao passar uma imagem de arrogância às pessoas que gostam de seu trabalho, esse trabalho perde valor e interesse, e o mesmo vale para qualquer outra coisa. Tive sucesso como professor e como varejista on-line porque tanto meus alunos quanto os compradores on-line sabiam que podiam confiar em mim para responder às suas mensagens e perguntas e para fazer exatamente o que eu dissesse que faria. Eles também sabiam que não podiam esperar o mesmo dos outros. A diferença era óbvia, assim como minha rápida popularidade como proprietário de empresa e professor.

A confiança, um elemento fundamental das transações econômicas, sustenta o valor percebido de um produto e da marca por trás dele, ou mesmo de uma pessoa e seu serviço, e influencia o comportamento do consumidor. A compreensão da relação simbiótica entre confiança e distribuição de riqueza esclarece a interconexão das estruturas sociais, as disparidades econômicas e a dinâmica de poder na sociedade. Essas dinâmicas, entretanto, são frequentemente influenciadas pelo ciúme.

Por exemplo, eu não tinha uma resposta para meus colegas que perguntavam por que certas universidades me pediam para lecionar matérias para as quais eles eram qualificados e eu não, porque eles esperavam obter uma renda extra com base em suas habilidades e, em vez disso, as pessoas me escolhiam com base na confiança que tinham em meu trabalho, e isso porque habilidades e resultados não estão necessariamente relacionados.

Uma pessoa pode ter as habilidades e o conhecimento que levaram à sua aquisição e ser incompetente para produzir resultados, enquanto outra pode ter adquirido as habilidades e o conhecimento por conta própria e produzir resultados eficazes.

Um diploma universitário por si só não garante resultados. Na verdade, a maioria dos empregos que tive em minha vida não teve nada a ver com o que aprendi por meio de outras pessoas, mas com o que aprendi sozinho. As pessoas estavam confiantes nos meus resultados porque podiam ver que outras não estavam obtendo resultados, apesar de suas qualificações.

Uma das coisas mais comuns que vejo nas pessoas é que elas são egoístas, tanto em seus empregos quanto nos serviços que prestam e nos negócios que querem desenvolver, e essa é a causa de seu fracasso. Falta-lhes valor social, consciência espiritual e a capacidade de ver a natureza multidimensional dos empreendimentos empresariais. Não conseguem transcender a necessidade de lucro imediato e abraçar a sustentabilidade de longo prazo. Como resultado, enfrentam desafios que não conseguem superar, não conseguem aumentar a produtividade e a lucratividade e acabam adiando suas tarefas mais urgentes.

Muitas delas também não conseguem transcender os paradigmas convencionais de negócios, ou desafiar as noções tradicionais de sucesso e prosperidade, de modo que, quase invariavelmente, tentam ter sucesso por caminhos bem trilhados que não agregam muito valor. Falta-lhes o discernimento e a inteligência emocional para avaliar suas decisões e a coragem para se aventurar no desconhecido.

Se tivessem mais fé em si mesmas e fossem capazes de se alinhar a valores sociais mais amplos, cultivar relacionamentos com os clientes e abordar as principais deficiências organizacionais, elas navegariam mais facilmente pelas complexidades do cenário empresarial moderno e traçariam um caminho para a prosperidade duradoura, a resiliência estratégica e o impacto social.

# Capítulo 7: A Transformação da Pobreza em Riqueza

O exame das implicações éticas das questões financeiras ilumina as complexidades morais inerentes à busca e à administração do dinheiro. No centro da reflexão ética está o reconhecimento de que nossas crenças inconscientes desempenham um papel significativo na formação de nossas atitudes e comportamentos em relação ao dinheiro.

A constatação de que mais de 80% de nossas ações decorrem de crenças profundamente arraigadas ressalta a importância da introspecção e da percepção consciente ao tomar decisões financeiras.

Isso também significa que, se você não estiver ciente de sua necessidade diária de reformular suas crenças, é mais provável que fracasse em qualquer coisa que exija uma mudança nos padrões de pensamento e uma mudança de paradigma em sua realidade.

Em outras palavras, você precisa acreditar que pode ser rico antes de realmente ser rico, e isso exige que você visualize e se sinta rico antes de poder ter mais riqueza. Você deve se sentir mais confortável com a riqueza do que com a pobreza.

Embora isso possa parecer simples, já que ninguém quer ser pobre, a verdade é que a maioria das pessoas se sente desconfortável com a riqueza, e é por isso que elas gastam seu dinheiro tão rapidamente quanto o ganham.

Adquirir uma mentalidade de riqueza exige que você aprenda a economizar seu dinheiro e a valorizá-lo. Também requer que você associe suas emoções à riqueza, desfrutando de coisas que as pessoas ricas fazem, como viajar, comer bem e adquirir uma visão mais positiva da vida.

Isso pode parecer difícil, ou como se você precisasse de dinheiro para ganhar mais dinheiro e, embora seja parcialmente verdade que quanto mais você tem, mais pode obter, há outras maneiras de exercitar sua mente com essas recomendações. Por exemplo, talvez você não conheça pessoas famosas e ricas, mas pode ler o que elas escrevem, suas memórias e adotar seus hábitos mentais. As 38 cartas de J.D. Rockefeller para seu filho são um bom exemplo disso, pois enquanto ele compartilhava informações sobre riqueza e valores sociais, você pode acessar e aprender com essas cartas como se fosse o filho do homem mais rico do mundo.

Há muitos outros exemplos de pessoas que compartilham seus pensamentos e crenças em livros que você pode ler. Quanto mais você fizer isso, mais aprenderá com pessoas que nunca conheceu e que podem até estar mortas. No final, você será transformado pelas informações que obtiver.

Quando eu lia muito, as pessoas me viam como um jovem estranho porque eu havia formulado conclusões que não correspondiam à minha realidade. Eu era pobre, parecia pobre e nunca tinha viajado para lugar nenhum do mundo. Mas eu já havia acumulado uma grande quantidade de conhecimento e, embora esse conhecimento parecesse contradizer minha realidade, mais tarde esse mesmo conhecimento contribuiria para meu potencial de mudá-la.

Sem a abundância de livros que li sobre a Lei da Atração, provavelmente não teria mudado meu cérebro a ponto de criar um novo mundo para mim, movendo-me entre realidades paralelas, e, em vez disso, ainda estaria lutando para sobreviver, passando exatamente pelos mesmos desafios. Mas a maioria das pessoas está tão presa às mesmas lutas que aprende a chamá-las de normais e depois as aceita, morrendo exatamente como sempre viveram, em absoluta miséria e sofrimento.

Qualquer coisa além da realidade que conhecem é uma impossibilidade, uma mentira, e é por isso que essas mesmas pessoas me acusam de ser traficante de drogas ou de fazer qualquer outra coisa ilegal. Como são estúpidas demais para mudar, elas precisam ver aqueles que mudam não como mais sábios, mas como criminosos.

De fato, é assim que os estúpidos percebem a realidade, como um mundo em que é preciso fazer algo ilegal para mudá-lo, porque eles são incapazes de mudar qualquer coisa em si mesmos. E que miséria é quando você aceita que é quem é e não um produto de sua própria criação. Portanto, o carma mais doloroso que você pode dar aos seus inimigos é não lutar contra eles e não lhes dar nenhuma informação.

Aprendi o significado de dar a outra face, como Yeshua recomendou nas Escrituras, quando vi, ao longo de muitas décadas, que as pessoas se recusam a mudar e, em vez disso, tentam impedi-lo quando você quer mudar, e o insultam e difamam quando você muda. Portanto, a pior coisa que você pode fazer por elas não é odiá-las, mas deixá-las em sua própria ignorância, pois essa ignorância perpetua a realidade delas.

Hoje em dia, quando as mesmas pessoas falam comigo, é como se eu voltasse no tempo, porque a pessoa com quem elas estão falando não existe mais, mas elas não sabem isso, ainda estão presas na mesma realidade em que nada mudou. Elas não conseguem perceber minhas mudanças porque isso significaria perceber a estagnação nelas mesmas e, como resultado, o meu verdadeiro eu é invisível para elas. Elas me fazem sentir como um fantasma porque não estão realmente falando comigo, mas com sua versão imaginária de quem eu sou.

Também não é difícil desfrutar das coisas que as pessoas ricas fazem quando você percebe que alguns dos lugares mais pobres do mundo também são alguns dos mais visitados pelos turistas. Basta olhar ao seu redor e perceber o valor das coisas que você não aprecia. Essa mentalidade de apreciação o levará à mentalidade de riqueza que você está tentando criar.

Por exemplo, quando eu era pobre, costumava visitar as áreas mais ricas da minha cidade e observar as ruas, as casas e sentir as emoções no ar que eram alimentadas pelas energias dos moradores. Eu não julgava a maneira como me olhavam, mas me concentrava nas coisas que eram gratuitas, como uma caminhada na praia, ou baratas, como um café expresso em uma cafeteria onde eu era recebido com um sorriso.

Essas experiências me ajudaram a mudar minha atenção da pobreza para a riqueza, de modo que, mesmo morando em apartamentos onde eu tinha vergonha de convidar amigos, podia experimentar uma mentalidade rica durante o dia apenas por estar em áreas onde eu podia me sentir rico.

A capacidade de separar meu estado emocional de meu estado financeiro me ajudou a ganhar espaço mental para seguir o caminho que me levou até onde estou agora. E acabei esquecendo esse imenso sofrimento, embora me lembre dele sempre que volto à Europa, porque o transformei em resiliência e autodisciplina. Agora não tenho medo de ser pobre porque sei como ser rico e amo a vida que tenho.

# Capítulo 8: A Integração da Ética nas Questões Financeiras

A interação entre poder, dinheiro e educação ressalta a influência da exposição precoce à riqueza e aos privilégios na formação das atitudes dos indivíduos em relação ao dinheiro. É claro que aqueles que estão cercados de riqueza desde cedo são frequentemente orientados para uma mentalidade de abundância e administração financeira responsável, enquanto as pessoas criadas em ambientes menos abastados podem ter dificuldades com uma mentalidade de escassez e crenças arraigadas sobre o valor do dinheiro.

As religiões, em particular, muitas vezes desempenham um papel negativo na mente das pessoas, associando a virtude ao sofrimento e a riqueza ao engano e ao mal. Como resultado, a culpa age como uma força corrosiva que enfraquece a responsabilidade pessoal e nos desmotiva a perseguir nossos sonhos. Sentimo-nos culpados por querer mais porque nos dizem que o amor é encontrado entre pessoas que querem menos para nós e que ficarão ressentidas com nossas conquistas, especialmente quando conseguimos muito mais do que esperavam de nós.

Reconhecer os efeitos prejudiciais da culpa no relacionamento com o dinheiro e com os outros ressalta a importância de promover um senso de responsabilidade por nossa própria existência em vez de permitir que os outros ditem nossos resultados. Afinal de contas, se somos os únicos a lidar com as consequências, por que deveríamos permitir que outros ditem a experiência que temos?

Assumir a responsabilidade por nosso sucesso financeiro também significa que talvez tenhamos de negligenciar o valor das pessoas que nos oprimem. Nosso amor pelos outros e nosso altruísmo em relação à humanidade não devem incluir ingenuidade e aceitação daqueles que não apenas não entendem essas qualidades, mas as desprezam e as veem como fraquezas.

Certamente, eu perco rapidamente o interesse em compartilhar o que sei com aqueles que não fazem o mesmo e, em vez disso, me veem como um tolo por ser compassivo, enquanto eles veem os outros como concorrentes. Nossas conversas são motivadas por interesses diferentes, e minhas virtudes são vistas por eles como falhas.

Além disso, sempre que você compartilha o que sabe com pessoas invejosas, é mais provável que enfrente oposição por meio de mentiras, sabotagem de seus esforços e calúnias.

Somente aqueles que veem a vida como uma colaboração e troca de ideias podem defender valores holísticos e aceitá-lo como você é, com pontos fracos e fortes, e ver os pontos fracos e fortes reais em você, enquanto as pessoas invejosas que você encontra pelo caminho fazem exatamente o oposto e fazem você confundir seus pontos fortes com pontos fracos e os pontos fracos com pontos fortes.

As pessoas que tentaram impedir que eu me tornasse um escritor de sucesso encontravam erros em minha escrita ou me diziam que eu não parecia um escritor, e nenhuma das situações determina meu valor, embora façam com que muitos que buscam o mesmo resultado se questionem.

Nenhuma dessas mesmas pessoas jamais percebeu que minha experiência como professor e gerente de negócios ou os milhares de livros que li sobre finanças, manifestação e espiritualidade me ajudariam a ter sucesso porque nenhuma delas estava interessada em me ver ter sucesso. Essas pessoas estavam apostando em meu fracasso.

As pessoas precisam estar certas e, se eu tivesse fracassado, provaria que elas estavam certas. Mas ao ter sucesso, provei que estavam erradas e mostrei que eram insignificantes comparadas a mim, e elas odeiam isso, e é por isso que perdi todas as amizades que tinha.

No entanto, a mesma coisa acontece com meus leitores que confundem compartilhar conhecimento com arrogância e depois me insultam em suas resenhas dizendo que sou narcisista. Por que eu seria um narcisista se estou compartilhando tudo o que sei para ajudá-lo a ter sucesso e a aproveitar a vida mais rapidamente do que eu jamais consegui?

Estou literalmente condensando anos de minha vida em poucas páginas para que você possa obter mais em menos tempo. Mas será que sou arrogante, narcisista e malvado por fazer isso?

Essas pessoas são egoístas. Elas escrevem essas coisas porque não querem que outras pessoas leiam os livros. Minha escrita faz com que se sintam insignificantes, e elas sabem que, se outras pessoas lerem esses livros, o sucesso desses leitores fará com que se sintam ainda piores, por isso fazem o possível para que menos pessoas encontrem os livros e os leiam. E que pena que vivemos em um mundo em que a maioria acredita no que a maioria diz, porque se você não ler um livro por causa do que outra pessoa disse sobre esse livro, é menos provável que encontre as lições de que precisa.

Os livros mais populares não ameaçam o status quo de ninguém, e é por isso que eles são promovidos. Eles nada mais são do que livros de senso comum que, em muitos casos, ensinam você a aceitar a vida como ela é e não fazer nada a respeito. De fato, grande parte da hostilidade contra os ricos vem de uma grande desigualdade financeira. Quanto mais pobres são as pessoas, maior a probabilidade de odiarem livros poderosos sobre como adquirir riqueza. Elas odeiam o livro porque não conseguem aceitá-lo, odeiam-no porque não conseguem mudar e odeiam-no porque sabem que outros o lerão e mudarão.

Isso é inveja, ressentimento e uma projeção de ódio a si mesmo, tudo ao mesmo tempo, dirigido ao autor de tais escritos. E como alguém pode estar tão cheio de ódio a ponto de manifestar insanidade quando rejeita as mesmas coisas que inveja?

Não podemos desafiar as normas sociais que equiparam a riqueza a conotações negativas aceitando-as, nem mudar nosso destino odiando aqueles que têm o que queremos. Ao reformular as perspectivas sobre a distribuição da riqueza e reconhecer a interconexão entre a riqueza e as estruturas sociais, podemos cultivar uma compreensão mais matizada das considerações éticas em questões financeiras.

O ponto central do discurso ético em torno do dinheiro é o reconhecimento de que o sucesso financeiro está interligado à maturidade espiritual e psicológica. A compreensão de que a riqueza aprimora as qualidades inerentes de uma pessoa ressalta a importância de alinhar as aspirações financeiras com os valores e a realização pessoal.

Crescemos como pessoas e como almas quando entendemos que nossa relação com o dinheiro está no centro de nossa relação com o mundo e com a própria vida, e afeta não apenas a forma como vivemos, mas como todos vivem. Precisamos de mais introspecção, consciência social e discernimento moral antes de podermos ver como nossa relação com o dinheiro está diretamente relacionada a como queremos viver nossas vidas e em que tipo de mundo queremos viver.

Em outras palavras, se você não gosta do seu chefe, pare de trabalhar para ele; se você não acredita no impacto positivo que sua empresa tem no mundo, vá embora; se você quer ser rico, escolha algo em que acredita e dê o melhor de si, não apenas porque quer ser rico, mas porque sabe que o mundo é um lugar melhor com pessoas como você.

A incorporação de considerações éticas nas questões financeiras não só promove o crescimento e o bem-estar pessoal, mas também contribui para uma sociedade mais ética e harmoniosa.

# Capítulo 9: A Alquimia do Dinheiro e das Emoções

Explorar a intrincada relação entre dinheiro e emoções revela uma profunda conexão que molda nosso bem-estar mental e psicológico. A influência do dinheiro nos estados emocionais serve como um determinante fundamental para entender a dinâmica da riqueza, da felicidade e da realização espiritual.

Além de seu significado material, o dinheiro carrega um peso simbólico que está entrelaçado com nosso cenário emocional. As pessoas geralmente atribuem emoções profundas, como medo, ansiedade, felicidade e satisfação, a questões financeiras que refletem seus valores, crenças e experiências. Compreender essa moeda emocional é fundamental para navegar pelas complexidades da riqueza e seu impacto na realização pessoal.

A interação entre dinheiro e emoções transcende as meras transações financeiras e penetra no âmago da consciência humana. Emoções como ressentimento, alegria, raiva e medo estão intrinsecamente entrelaçadas em nossas percepções de riqueza e abundância, e as frequências emocionais que emitimos, sejam elas positivas ou negativas, influenciam significativamente nossos resultados financeiros e experiências de vida.

Existe uma correlação entre as frequências emocionais e o sucesso financeiro. As pessoas que operam com frequências emocionais mais altas, caracterizadas por confiança, positividade e gratidão, tendem a atrair riqueza sem esforço, enquanto as frequências emocionais mais baixas, caracterizadas por autopiedade, ressentimento e medo, geralmente levam a dificuldades e contratempos financeiros.

Precisamos cultivar uma relação emocional positiva com o dinheiro para manifestar abundância e bem-estar financeiro.

Adotar a confiança, a fé e o trabalho árduo como princípios orientadores prepara o caminho para um alinhamento harmonioso com a riqueza e o sucesso. Mudar de emoções negativas para uma mentalidade de abundância e gratidão prepara o terreno para mudanças transformadoras na realidade financeira de uma pessoa.

Ao identificar e abordar barreiras emocionais profundamente arraigadas, podemos embarcar em uma jornada de autodescoberta e capacitação financeira. Reprogramar padrões emocionais e crenças sobre dinheiro por meio de exercícios autoterapêuticos e afirmações positivas torna-se um catalisador para atrair riqueza e prosperidade.

Repetir essas afirmações todos os dias pode realmente ajudá-lo a alinhar sua mente com uma visão mais positiva sobre a perspectiva de enriquecer. Tudo o que você precisa fazer para criar essa afirmação é associar uma emoção positiva a ela.

Esse exercício é ainda mais poderoso se você associar estados mentais familiares com as mesmas emoções. Por exemplo, você pode dizer: Eu adoro comer, mas adoro ainda mais ser rico e comer nos melhores restaurantes. Ou você pode dizer: Adoro ver meu parceiro sorrir e adoro ainda mais o fato de poder comprar presentes caros que ele adora. Ou ainda, você pode dizer: Adoro meu trabalho porque ele me ajuda a ganhar mais dinheiro e, com esse dinheiro, posso viajar, fazer novos amigos e explorar tudo o que a vida tem a oferecer.

Como você pode ver, é praticamente impossível odiar o dinheiro quando você o associa às coisas que valoriza, e é por isso que lembrar-se dessa conexão todos os dias por meio de afirmações positivas pode realmente mudar sua mente de um estado de carência para um de abundância. Você perceberá isso quando sua mente se tornar muito criativa para economizar dinheiro e ter ideias para ganhar mais.

Isso acontece comigo o tempo todo. Quando minha parceira me pede uma pizza, eu imediatamente comparo os melhores lugares para comer com seus preços e vejo que a qualidade e o custo não estão correlacionados, o que significa que posso comer bem por menos. E se eu quiser escrever um bom livro, analiso as perguntas que meus leitores me fazem, porque eles certamente não encontraram as respostas no conteúdo de meus escritos anteriores.

Para a pessoa comum, esse pensamento e análise constantes podem parecer exaustivos, mas apenas porque tais pessoas possuem emoções negativas associadas ao dinheiro. Elas não querem pensar nele, embora o usem todos os dias. E ao se distanciarem de algo que usam todos os dias, na verdade atraem mais escassez.

A solução é mais o oposto, é encarar sua riqueza como um jogo. Basta perguntar a si mesmo: Quanto dinheiro a mais posso colocar em minha conta bancária este mês? O que eu poderia fazer em meu tempo livre que me ajudaria a obter mais dinheiro?

Você não precisa se preocupar em passar de alguns dólares para milhares de dólares em um curto período de tempo se você se concentrar em mudar sua mentalidade em relação ao dinheiro. Concentre-se apenas na satisfação de ganhar um dólar a mais, que só deve vir de seu trabalho.

Por exemplo, você poderia assar alguns biscoitos e vendê-los on-line? Poderia fazer um sabonete natural e vendê-lo nas mídias sociais? O que você poderia fazer que fosse prazeroso, terapêutico, divertido e que o ajudasse a ganhar mais dinheiro?

Em essência, explorar o dinheiro e as emoções ilumina a profunda conexão entre os estados internos e as manifestações externas de riqueza. Ao reconhecer o impacto das emoções nos resultados financeiros, você pode embarcar em um caminho de autodomínio, abundância e bem-estar holístico enquanto desenvolve um relacionamento positivo, mas transformador, com o dinheiro que leva à realização emocional.

# Capítulo 10: O Dinheiro Como Símbolo de Confiança e Prosperidade

O estudo do dinheiro como unidade de conta e meio de pagamento ressalta sua dupla função nos sistemas econômicos. Como unidade de conta, o dinheiro facilita a medição e a comparação do valor de diferentes bens e serviços econômicos, fornecendo uma medida comum para avaliar transações e ativos. Como meio de pagamento, a moeda facilita a troca de bens e serviços, promovendo, assim, a atividade econômica e permitindo o fluxo de recursos em uma sociedade.

A interação entre moeda, produtividade e bem-estar social reflete uma relação dinâmica que vai além de meras transações monetárias. A produtividade e a eficiência são fatores intrínsecos que influenciam a criação e a circulação da riqueza, destacando o papel fundamental do esforço humano e da inovação na formação do valor do dinheiro.

Ao reconhecer a interconexão das atividades econômicas e das contribuições pessoais, podemos apreciar a dinâmica diferenciada que sustenta o valor monetário, e examinar o dinheiro em relação às percepções culturais e às normas sociais lança luz sobre as diversas interpretações e implicações da riqueza.

As crenças culturais, os contextos históricos e as estruturas sociais ajudam a moldar as atitudes dos indivíduos em relação ao dinheiro e influenciam as noções de sucesso, riqueza e status; assim, o verdadeiro valor do dinheiro transcende sua forma material e engloba uma infinidade de significados, crenças e dinâmicas socioeconômicas.

Ao reconhecer o dinheiro como um símbolo de confiança, um meio de troca e um reflexo dos valores sociais, podemos desenvolver uma apreciação mais profunda do papel multifacetado da moeda na formação das esferas pessoal, social e econômica.

O dinheiro serve como um meio pelo qual os indivíduos expressam seus desejos, intenções e atitudes em relação à acumulação de riqueza. Ao promover uma relação harmoniosa com o dinheiro e adotar uma mentalidade de abundância, podemos cultivar um senso de prosperidade que transcende a mera riqueza monetária e ajuda a atrair mais riqueza.

A autoconsciência, a inteligência emocional e a gratidão são a base da nossa capacidade de moldar nossa jornada financeira. Compreender o papel das emoções na magnetização da riqueza e da oportunidade destaca o poder do pensamento positivo, da visualização e da definição de intenções para atrair a abundância financeira; portanto, ao cultivar uma mentalidade de abundância e gratidão, podemos aproveitar o fluxo universal da prosperidade e manifestar nossas metas financeiras com clareza e propósito.

Essa busca de riqueza pessoal requer uma abordagem holística que integre o sucesso financeiro aos princípios de integridade, compaixão e responsabilidade social. Ao alinhar as buscas financeiras com os valores éticos e os princípios espirituais, podemos criar uma base para a prosperidade duradoura que se estende além do ganho financeiro para o crescimento pessoal e o impacto social.

A prosperidade pessoal é então medida não apenas pela riqueza monetária, mas também por um senso holístico de bem-estar que inclui saúde física, equilíbrio emocional e relacionamentos significativos. A ligação entre dinheiro e realização pessoal ressalta a importância de alinhar as metas financeiras com metas e valores mais amplos da vida. Ao integrar a criação de riqueza com o crescimento pessoal, podemos embarcar em uma jornada de prosperidade que enriquece não apenas nossas contas bancárias, mas também a qualidade de vida geral para nós e para os outros.

Existem inúmeros exemplos de indivíduos e países que usaram sua ascensão de origens humildes para alcançar grande sucesso com motivos altruístas ou ideias que beneficiam a humanidade. Uma dessas pessoas é Howard Schultz, ex-CEO da Starbucks. Tendo crescido em um projeto habitacional pobre no Brooklyn, Schultz trabalhou duro para superar suas circunstâncias e acabou revolucionando o setor de café ao criar uma empresa que priorizava a responsabilidade social e o bem-estar dos funcionários. A Starbucks ficou conhecida por oferecer benefícios de saúde e opções de ações a seus funcionários, sendo pioneira em um novo modelo de responsabilidade social corporativa.Em nível nacional, o Butão é um país que adotou um modelo econômico exclusivo que se concentra na promoção da Felicidade Nacional Bruta (FIB) em vez do Produto Interno Bruto (PIB). Ao priorizar o bem-estar de seus cidadãos e a proteção ambiental em detrimento da riqueza material, o Butão deu o exemplo de desenvolvimento sustentável e prosperidade holística. O compromisso do país com a sustentabilidade ambiental, a preservação cultural e o desenvolvimento equitativo inspirou conversas globais sobre paradigmas econômicos alternativos que priorizam o florescimento humano em detrimento do mero crescimento econômico.

Outro exemplo é o caso da Costa Rica, um país que priorizou a conservação ambiental e o desenvolvimento sustentável para impulsionar o crescimento econômico. Ao se concentrar no ecoturismo, na energia renovável e na conservação da biodiversidade, a Costa Rica melhorou suas perspectivas econômicas e, ao mesmo tempo, beneficiou o planeta e sua população. Essa abordagem não apenas impulsionou a economia do país, mas também serviu de modelo para práticas de desenvolvimento sustentável que outras nações poderiam adotar para alcançar tanto a prosperidade financeira quanto a gestão ambiental.

Esses exemplos demonstram como indivíduos e países podem ir da pobreza à riqueza adotando ideias ou estratégias altruístas que contribuam positivamente para a sociedade e o mundo em geral. Ao alinhar as buscas financeiras com valores éticos, responsabilidade social e uma visão para o bem maior, é possível alcançar a prosperidade que transcende a riqueza monetária e cria um impacto duradouro sobre os indivíduos, as comunidades e o planeta.

# Capítulo 11: O Futuro do Dinheiro

A evolução dos sistemas financeiros e o surgimento de novas tecnologias revolucionarão a dinâmica da acumulação de riqueza e das transações monetárias, dando início a uma era de mudanças e inovações sem precedentes.

Um tema central que ressoa nas discussões sobre o futuro do dinheiro é a transição iminente para um ecossistema monetário mais diversificado e inclusivo. A tradicional dependência do papel-moeda dará lugar a uma gama mais ampla de opções, impulsionada pela necessidade de maior flexibilidade do mercado e integração financeira global.

O início de uma nova era exige uma moeda global que transcenda as fronteiras, unindo diversas economias e abrindo caminho para oportunidades econômicas iguais em todas as regiões. Essa evolução em direção a uma moeda global é sustentada por uma mudança fundamental no sentido de reconhecer o valor do setor imobiliário como uma pedra angular da estabilidade e da prosperidade financeiras. Espera-se que os imóveis, mais do que os ativos tradicionais, como o ouro, desempenhem um papel fundamental na formação da futura criação de riqueza e sustentabilidade.

A ênfase na propriedade de imóveis representa um retorno aos princípios fundamentais que destacam a importância dos ativos tangíveis para impulsionar o crescimento econômico e a resiliência do investimento, e o cenário futuro do dinheiro é visto como inextricavelmente ligado aos avanços em energia renovável e tecnologias inovadoras.

O surgimento de soluções de energia sustentável e de invenções transformadoras redefinirá a maneira como percebemos e usamos os recursos financeiros, passando de uma sociedade dependente da centralização de recursos energéticos manipulados por poucas corporações para uma sociedade independente e autossuficiente.

Já estamos vendo um vislumbre dessa transição com conceitos como a conversão de energia solar em energia utilizável e a necessidade de formas alternativas, mas ecologicamente corretas, de abastecer nossos veículos.

Em breve, o mundo inteiro funcionará com recursos que são independentes de qualquer monopólio financeiro. Isso, é claro, se pudermos passar de um mundo dominado pela ganância para um mundo de altruísmo e maior consciência de nossos recursos e interdependência como uma espécie coletiva planetária, dividida não por fronteiras, mas apenas por ideais.

Ao longo do caminho, algumas normas devem cair em desuso, como a necessidade de passaportes, fronteiras e controle sobre nossos movimentos no planeta. Vemos vislumbres disso na União

Europeia. Esperamos que esse ideal, juntamente com os vistos especiais criados especificamente para os nômades que querem trabalhar no exterior, dê origem a um novo coletivo planetário.

Se você quiser se posicionar à frente dos outros, terá de se mover em direção a esse futuro com mente e espírito. É a consciência de que o mundo precisa de uma ascensão para mais amor e cooperação que o levará ao seu futuro ideal.

Certamente, o que quer que você decida fazer para se tornar mais abundante será bem-sucedido se você o alinhar com a triangulação de uma idealização de uma Terra melhor, sua necessidade de contribuir para a humanidade com seu propósito e os benefícios que mais abundância lhe trará ao longo do caminho.

É mais provável que você atraia abundância quando a alinha com suas intenções honestas, e é por isso que sempre que alguém me pede ajuda para encontrar seu propósito de vida ideal, especialmente um que possa torná-lo muito rico, minha resposta é sempre a mesma: olhe ao seu redor e encontre oportunidades para expandir a consciência humana. Há tantas maneiras de fazer isso que, quando você mudar sua consciência de precisar para si mesmo para dar aos outros, encontrará uma abundância de oportunidades. Isso é o que significa ter uma mentalidade de abundância.

Onde quer que eu vá, encontro essas oportunidades e as compartilho com os habitantes locais, e aqueles que ouvem e aplicam o que digo ficam ricos em pouco tempo, enquanto os demais continuam a lutar com sua falta de fé, preguiça e noções preconcebidas sobre o mundo.

As pessoas sempre fracassam mais por causa de suas dúvidas do que por causa das ideias que implementam. Ao apostar em sua própria segurança e no que sabem, a maioria das pessoas investe em seu fracasso, porque o futuro não quer nada do passado. Se quiser ficar rico, você deve sempre investir no futuro.

Uma das maneiras mais óbvias de perceber oportunidades é por meio dos estabelecimentos que vemos em toda parte, ou seja, cafeterias que vendem exatamente as mesmas coisas. Que vantagem aqueles que vendem coisas exclusivas têm sobre aqueles que não ousam nem mesmo copiar suas ideias. Mas o que é ainda mais interessante é que os locais que vendem novos doces nem sequer estão inventando nada de novo, mas simplesmente importando o desconhecido e tornando-o visível para os habitantes locais que, de outra forma, nunca o teriam visto.

Estou falando de padarias na China, Malásia e Filipinas que estão aumentando seus lucros e popularidade vendendo pães e bolos da Grécia, França, Espanha, Itália e Portugal.

Se olharmos para o setor imobiliário, também é muito óbvio que os projetos modernos que copiam as melhores ideias de todo o mundo vendem mais rápido do que os projetos antigos e desatualizados.

Vemos a mesma tendência na arte, com pintores que adotam a necessidade de inovação superando seus colegas que ainda usam métodos tradicionais. Podemos chamá-la de arte moderna, mas ela é muito mais do que ideias, é o estímulo do intelecto em um mundo supersaturado de informações e caos que coloca os melhores artistas na vanguarda da inovação e da atenção, e eles reúnem toda a riqueza enquanto os demais lutam para vender, alegando que a arte não é apreciada.

Quando se trata de livros, e como proprietário de uma editora de livros, esses princípios não poderiam ser mais óbvios para mim, porque estou constantemente encontrando autores ou pessoas que querem publicar um livro sem absolutamente nada de útil a dizer. Eles querem que seu nome apareça em um produto importante para se sentirem validados e, ainda assim, não se importam se suas palavras não passam de uma reinvenção do que outros já disseram ou simplesmente uma necessidade de acalmar seu ego falando consigo mesmos. Suas palavras não têm valor intrínseco, e como um escritor pode ser único e contribuir para o mundo com uma variedade tão grande de opções?

Como alguém que chegou às listas de best-sellers mais de 100 vezes com vários pseudônimos, posso lhe dar uma resposta clara: Escrevendo algo de que as pessoas precisam e que não podem encontrar em nenhum outro lugar. E a maneira de escrever algo de qualidade que não pode ser encontrado em nenhum outro lugar é a mesma para qualquer empreendimento bem-sucedido: Leia muito, encontre informações inexploradas nas entrelinhas e por trás dos pensamentos dos autores, explore essas informações em sua própria vida e na vida das pessoas que encontrar e concentre-se em fazer uma contribuição para a sociedade.

Em vez de olhar para a perspectiva de simplesmente vender sonhos e emoções, considere como a vida de outras pessoas será moldada por suas palavras. Se você conseguir fazer isso, poderá escrever um livro muito bom.

No entanto, a maioria das pessoas fica tão presa à necessidade de ser percebida como autora que acaba se concentrando quase que exclusivamente na estrutura das frases, escrevendo de forma eloquente, mas sem significados valiosos.

Pessoalmente, não me importo com a qualidade de um livro se ele não tiver nada a me ensinar, porque o valor sempre supera a qualidade das palavras.

Vemos esse princípio também nos negócios, pois enquanto muitos empresários ficam obcecados com a qualidade de seu produto, os bem-sucedidos simplesmente observam como as pessoas reagem a ele. Assim como um livro que ninguém lê é um livro sem valor, um produto que ninguém compra é um produto inútil, não importa quanto tempo você dedique à sua promoção.

É por isso que tantos graduados universitários fracassam como empreendedores: eles se prendem demais nas teorias para observar os resultados. Eles gastam muito tempo com os processos e perdem muito tempo pensando em nada além de pensamentos inúteis.

# Capítulo 12: A Interseção Entre Consciência e Riqueza

Sempre que alguém quer fazer negócios comigo, mas demora muito para fazer o que diz e promete, já sei que está apenas desperdiçando meu tempo e procurando um reforço para resolver sua procrastinação, mas sem nenhum impacto de longo prazo em sua determinação.

A maioria das pessoas simplesmente não tem o que é necessário para ter uma mentalidade de riqueza, não importa o quanto leiam sobre isso. E a solução para elas é ainda mais ignorada do que as qualidades certas - significa desenvolver disciplina e analisar a fonte de sua ignorância, questionando a si mesmas.

A necessidade crescente de coaches nada mais é do que uma oportunidade de negócios para substituir a inutilidade de terapeutas certificados, porque um psicólogo ou psiquiatra que desperdiça seu tempo e não pode ajudá-lo a atingir suas metas e, em vez disso, fica obcecado com sua infância e o droga, não pode realmente ajudá-lo a ir a lugar algum, a não ser sair da porta de seu apartamento e ir para o consultório dele toda semana, ou manter seu emprego, apenas o suficiente para manter o negócio dele funcionando.

Você também não precisa de certificação para produzir resultados para si mesmo e para os outros, contribuindo para um mundo melhor. Muitas vezes, você nem precisa dos produtos.

Uma de minhas alunas desenvolveu um negócio com nada mais do que uma ideia que lhe dei. Anos depois, ela contratou colegas de classe para trabalhar para ela, e o que ela estava fazendo nada mais era do que aplicar o que ela já fazia como intérprete. A única diferença é que, em vez de esperar que os clientes chegassem ao país e lhe enviassem uma mensagem, ela criou pacotes de investimentos comerciais que oferecia a empresas na América do Sul. Seus pacotes incluíam tudo o que alguém que quisesse investir em uma fábrica chinesa desejaria: conhecimento de possíveis fabricantes, um tradutor e intérprete para acompanhar o grupo diariamente, reservas de hotéis, reservas de restaurantes e assim por diante. Depois de pagá-la, eles não tinham mais nada com que se preocupar.

Ela ficou tão rica que seus colegas de classe, por curiosidade, me perguntaram o que eu havia dito a ela. A resposta não foi a que eles esperavam: Eu disse a ela o que disse a todos os outros, porque compartilhei isso na sala de aula.

Muitos estavam brincando com seus celulares enquanto eu falava porque não achavam que o que eu estava falando era importante e tinha relação com suas provas, outros estavam reclamando com meus colegas que eu estava perdendo tempo ensinando assuntos não relacionados, e somente essa menina estava copiando e aplicando as informações que eu estava compartilhando.

Quando esses alunos me pediram para repetir o que eu havia dito a eles naquele dia, eu disse: Leiam meus livros, porque não sou mais seu professor.

Muitas vezes as pessoas perdem as melhores oportunidades de suas vidas simplesmente porque não estão prestando atenção. Muitos outros de meus alunos de outras universidades aplicaram as ideias que compartilhei com eles e se tornaram extremamente ricos e felizes com suas vidas. Eles nem sequer eram os melhores alunos e as ideias não eram extraordinárias. Eu simplesmente compartilhei com eles o que observei em seu país e combinei suas habilidades com necessidades óbvias que poderiam beneficiar a muitos.

Essa é a fórmula para o sucesso, mas como as pessoas estão obcecadas demais com o dinheiro para se preocupar com as necessidades dos outros, elas deixam de olhar, e olhar é a habilidade mais importante de um bom empreendedor.

Outro problema que muitas pessoas têm, além de não olhar, é não ver, como quando pensam que o professor é um idiota porque ele deve ensinar algo de um livro e não sabe nada sobre economia. Mas, pior ainda, elas não ouvem, porque o motivo pelo qual muitas vezes me pediram para ensinar seus professores a ensinar e até mesmo dar aulas sobre como escrever um currículo e como agir em uma entrevista é que eu havia trabalhado como gerente de negócios antes de trabalhar em universidades. Eles também ignoraram esse fato óbvio.

As pessoas são cegas, surdas e estúpidas demais para enxergar as oportunidades à sua frente e, então, alegam que não têm sorte, mas, assim como a sorte favorece a mente preparada, aqueles que são estúpidos demais sempre acham que a sorte não está do lado deles.

Se você trabalhar duro com o que alguém compartilha com você e se tornar bem-sucedido de forma inacreditável, as mesmas pessoas preguiçosas, sem instrução e de mente fechada dirão que você tem muita sorte. É assim que suas opiniões são inúteis, mesmo quando reclamam daqueles que tentam ajudá-los, simplesmente porque essa ajuda não está de acordo com seus preconceitos e suposições sobre a realidade que desejam perpetuar.

Aqueles que se esforçam mais para manter o mundo como está, em vez de movê-lo em direção a um futuro melhor, têm sempre mais probabilidade de fracassar na vida, e por razões óbvias - eles estão investindo no passado.

Suas mentes estão adormecidas, não há criatividade, emoção ou motivação para a perspectiva de criar um mundo melhor para os outros ou para si mesmos, eles só podem invejar e cobiçar o que os outros têm. Mas quanto mais a pessoa se concentrar em oportunidades que estejam alinhadas com a consciência superior, maior será a probabilidade de sucesso. É por isso que os princípios espirituais estão sempre alinhados com a prosperidade.

Isso não significa que você deva confundir religião com espiritualidade, porque elas não são a mesma coisa, e a religião nada mais é do que um conjunto de princípios acordados sobre a espiritualidade e a natureza humana que muitas vezes levam as pessoas a uma crença em vez de uma realidade.

Não há nada de Deus na imposição de crenças e dogmas. As religiões são arenas de adoração a demônios. Há mais Deus em um show de heavy metal do que em uma igreja, porque o verdadeiro Deus é o Deus da criatividade, da expressão emocional, da autoconsciência e do questionamento.

Se você quiser conhecer Deus, primeiro precisa aprender a questionar e estudar Suas respostas. Então, você verá que Deus responde às suas orações todos os dias com tudo o que chega até você. Até mesmo seus entes queridos falecidos o estão ajudando do mundo espiritual, preparando o cenário para os milagres que virão em sua direção.

Tudo o que você precisa fazer é aceitar esses presentes e entender o significado deles. Na verdade, muitas vezes os espíritos por trás do véu da realidade simplesmente cooperaram para trazer as pessoas certas para a sua vida.

Um desses grandes presentes é um parceiro que lhe dá apoio, e tudo o que você precisa fazer é respeitá-lo e apreciá-lo e fluir com essa energia para uma existência melhor. Muitos homens se tornaram maiores, não por causa do que aprenderam ou fizeram, mas por causa das mulheres que entraram em suas vidas com amor, coragem e fé.

Mas que mundo miserável é esse quando dizem às mulheres que elas estão melhor sozinhas, porque esse é um mundo onde a promiscuidade, a demência, a solidão e a miséria se espalham.

Quando as mulheres não entendem seu papel de criadoras e os homens perdem o interesse em construir famílias saudáveis, a sociedade não consegue se sustentar e é levada à ruína pela depressão e pelo suicídio, bem como por uma total falta de valores morais e ambição.

# Capítulo 13: O Poder das Crenças Subconscientes na Criação de Riqueza

À medida que o mundo financeiro continua a evoluir, a interação entre as moedas digitais e os sistemas monetários tradicionais moldará o futuro da gestão e das transações de patrimônio.

O surgimento das moedas digitais representa uma mudança de paradigma em direção a mecanismos financeiros descentralizados e seguros. A integração de tecnologias de ponta, como os microchips RFID, ressalta o potencial de mudanças revolucionárias na forma como percebemos, fazemos transações e armazenamos patrimônio na era digital.

O problema que podemos enfrentar não são tanto as tecnologias em si, mas a tentativa de alguns poucos de usá-las para controlar as massas e redirecionar esse futuro em potencial para si mesmos, limitando as possibilidades de um verdadeiro empreendedorismo.

O futuro do dinheiro inaugura uma nova era de consciência financeira em que valores de sustentabilidade, inovação e inclusão convergem para redefinir a dinâmica da criação e distribuição de riqueza, mas devemos estar cientes da tentativa de alguns de monopolizar esse futuro, como fizeram com nosso passado e com as tecnologias que foram desenvolvidas.

Por exemplo, a lâmpada é uma invenção que não é tão grande se comparada ao modelo proposto por Nikola Tesla, que poderia revolucionar o mundo e adiantá-lo em muitos milhares de anos.

Quando olhamos para o estado da tecnologia que temos e o comparamos com a vasta quantidade de conhecimento suprimido, é inevitável perceber que estamos muitos milhares de anos atrás do mundo que deveríamos ter, e essa necessidade de corrigir nosso caminho não acontecerá até que ascendamos em consciência e percebamos os enganos que continuam até hoje.

É necessário parar aqueles que são motivados pela ganância e apoiar aqueles que são motivados por valores altruístas de cooperação global e equalização de benefícios e oportunidades para as pessoas do planeta. Grande parte desse processo exigirá que observemos o que foi suprimido ou negligenciado e esquecido, em vez de novas ideias ou invenções. Aproveitar o potencial transformador da tecnologia, da sustentabilidade e da conectividade global é fundamental para desbloquear um futuro em que a prosperidade não seja apenas uma aspiração, mas uma realidade compartilhada por indivíduos e sociedades de todo o mundo.

Nesse cenário potencial, o futuro do dinheiro é tão real quanto o que podemos fazer pelos outros, porque ele evoluirá à medida que evoluirmos como espécie planetária. Estamos nos movendo para lá porque já entendemos que os livros têm valor por si mesmos, mesmo em formato digital.

Esperamos que, à medida que mais pessoas estejam dispostas a pagar por conhecimento e informação e que esse processo se torne mais acessível às massas, a possibilidade de uma Terra melhor se torne uma realidade ao nosso alcance.

Por outro lado, não há muito que possa ser feito por um povo ignorante, porque pessoas ignorantes não conseguem ver ou apreciar coisas boas. É isso que é a ignorância, a incapacidade de ver o valor, portanto, a ignorância leva ao fracasso, e o fracasso leva à miséria.

Se quiser ficar rico, você precisa se educar primeiro, e isso começa com os livros. Nunca conheci ninguém que tenha fracassado por não ter um diploma universitário, mas também nunca conheci um empresário bem-sucedido que não tenha lido muito.

Explorar o desconhecido por meio da leitura e do aprendizado revela as influências ocultas que moldam nossas percepções de riqueza e prosperidade, lança luz sobre o profundo impacto de nossas crenças sobre o sucesso financeiro e o bem-estar e expande nosso potencial para manifestar nossos sonhos.

Apenas a vontade nunca é suficiente; você precisa aprender, mudar e melhorar. E, embora o fracasso não determine seus resultados, é improvável que você tenha sucesso a menos que esteja disposto a aprender com esses fracassos e a melhorar.

As crenças subconscientes e as mentalidades que mantemos desempenham um papel fundamental na formação de nossa realidade financeira. As crenças arraigadas que temos sobre dinheiro, riqueza e sucesso, muitas vezes baseadas nos paradigmas das pessoas ao nosso redor, formam a base de nossas decisões e comportamentos financeiros.

Muito do que nos leva ao fracasso está enraizado nos falsos paradigmas, medos e crenças dos outros. Essas crenças, muitas vezes arraigadas em nós desde a infância ou por meio de condicionamento social, ditam nossa relação com a riqueza e influenciam nossas decisões financeiras de forma sutil, mas significativa.

Compreender o poder das crenças no âmbito financeiro é essencial para liberar nosso verdadeiro potencial de riqueza.

A mente subconsciente atua como um orquestrador silencioso, moldando nossa trajetória financeira com base nas crenças e nos padrões de pensamento que mantemos. Ao investigar nossas crenças subconscientes sobre dinheiro, podemos desvendar as barreiras ocultas e as crenças limitantes que podem estar impedindo nosso crescimento financeiro e nossa abundância.

É em nossa mente subconsciente que podemos desvendar a intrincada rede de crenças que sustentam nossas decisões e comportamentos financeiros. Fazemos isso questionando nossos próprios pensamentos e decisões e racionalizando maneiras de melhorá-los por meio do pensamento e da disciplina sistêmica.

Sem autodisciplina, nada muda. Mas tudo começa com um cronograma e um compromisso com nossas metas dentro de uma transação autoimposta de tempo e resultados.

Ao descobrir os sistemas de crenças ocultas que orientam nossas decisões financeiras, podemos reprogramar conscientemente nossa mente para o sucesso e a prosperidade. Esse processo envolve desafiar e reformular crenças limitantes, cultivar uma mentalidade de abundância e alinhar nossos pensamentos e ações com nossas metas financeiras.

Ao cultivar uma compreensão mais profunda de nossas crenças subconscientes e sua influência nos resultados financeiros, podemos embarcar em um caminho de criação de riqueza consciente e realização.

Comece escrevendo em um papel tudo o que seus pais lhe disseram ou ensinaram sobre dinheiro e você começará a entender quais crenças subconscientes o estão impedindo.

Essa exploração introspectiva permite que você aproveite o poder de suas crenças para manifestar abundância financeira e prosperidade em alinhamento com seus verdadeiros desejos e aspirações, pois revela uma profunda conexão entre sua mentalidade subconsciente e a realidade financeira.

Ao mergulhar nas profundezas de suas crenças sobre riqueza, abundância e sucesso, você pode desbloquear o potencial oculto para o crescimento financeiro e a prosperidade.

# Capítulo 14: A Interseção da Percepção e da Riqueza no Sucesso Financeiro

A essência da integração da disciplina e da estratégia nas questões financeiras está na capacidade de prever possíveis desafios, capitalizar as oportunidades e navegar com eficácia no complexo cenário do crescimento financeiro.

Um aspecto fundamental da aplicação da estratégia aos empreendimentos financeiros é a ênfase na definição de metas claras e alcançáveis. Ao definir objetivos financeiros específicos e delinear um roteiro para alcançá-los, podemos traçar um caminho para o sucesso.

O estabelecimento de metas estratégicas proporciona uma direção e um senso de propósito no gerenciamento das finanças, permitindo que as pessoas mantenham o foco e o compromisso com suas metas financeiras.

Além disso, o planejamento financeiro estratégico envolve a avaliação de riscos e oportunidades, a análise de tendências de mercado e a tomada de decisões de investimento informadas.

Por meio de uma pesquisa minuciosa, podemos identificar áreas potenciais de crescimento, mitigar riscos e aproveitar as oportunidades de mercado. As decisões estratégicas de investimento baseadas em pesquisas e análises sólidas podem levar à criação de riqueza sustentável e à estabilidade financeira ao longo do tempo.

Incorporar o planejamento de contingência às estratégias financeiras é essencial para mitigar circunstâncias imprevistas e garantir a segurança financeira de longo prazo. O estabelecimento de fundos de emergência, cobertura de seguro e portfólios de investimento diversificados são medidas estratégicas de proteção contra contratempos inesperados e retrações financeiras.

Além disso, o planejamento estratégico inclui o monitoramento e a avaliação contínuos do desempenho financeiro para acompanhar o progresso em direção às metas e fazer os ajustes necessários.

A avaliação regular das estratégias financeiras permite a tomada de decisões proativas, a correção de curso e a otimização de recursos para maximizar os retornos e minimizar os riscos.

Ao manter uma abordagem dinâmica para a gestão financeira, podemos permanecer ágeis e receptivos às mudanças na dinâmica do mercado e nas circunstâncias pessoais.

Uma parte integrante do planejamento financeiro estratégico é cultivar uma mentalidade de inovação e adaptabilidade. Adotar a inovação nas práticas financeiras, explorar novas oportunidades de investimento e manter-se informado sobre as tendências emergentes são ações estratégicas que podem aprimorar o crescimento e a diversificação financeira.

Ao permanecerem abertos a novas possibilidades e à frente da curva, os proprietários de empresas podem usar a inovação para impulsionar o sucesso financeiro e capitalizar as condições de mercado em evolução.

Integrar o planejamento estratégico aos empreendimentos financeiros é fundamental para obter sucesso financeiro, sustentabilidade e prosperidade a longo prazo. Ao adotar uma mentalidade estratégica, definir metas claras, realizar pesquisas completas, implementar medidas de contingência e promover a inovação, podemos navegar pelo complexo cenário financeiro com confiança e propósito.

À medida que nos adaptamos às mudanças do mercado, nossas percepções mudam e adquirimos a capacidade de prever resultados futuros, o que nos ajuda a minimizar os riscos e até mesmo a nos preparar para o pior.

De fato, a percepção desempenha um papel central na formação do valor e da importância do dinheiro em nossas vidas, além de expandir nossa capacidade de pensar além dos contratempos e desafios atuais. Mas um dos maiores erros que vejo as pessoas cometerem, e que descreve claramente sua mentalidade de pobreza, é tentar medir os resultados dos outros pelo que eles fazem.

As pessoas tendem a pensar que o produto define o sucesso financeiro de uma pessoa e arrogantemente presumem o potencial de riqueza de uma pessoa com base em seus investimentos e crenças, e não poderiam estar mais erradas, porque não é o produto que define os resultados, é a estratégia.

As pessoas com baixo senso de valor não veem estratégia em nada porque confundem resultados com produtos. É por isso que fracassam em tudo o que fazem, porque a maneira como pensam sobre cada ideia está errada desde o início.

Compreender como a percepção molda o conceito de dinheiro oferece uma visão das complexidades da psicologia humana, da dinâmica social e dos sistemas econômicos. Quanto mais pobre for a compreensão da dinâmica do dinheiro em uma sociedade, maior será a probabilidade de que ela caminhe para o seu fim coletivo.

Além disso, a percepção do dinheiro como uma representação tangível de valor está profundamente enraizada em nossas normas culturais e sociais, além de ser um espelho perfeito da situação econômica de uma nação. Se os cidadãos não tiverem uma boa compreensão do dinheiro, isso se manifestará em seus próprios resultados e em nível nacional.

Compreender o papel da percepção na formação de nossas atitudes em relação ao dinheiro nos permite examinar mentalidades, crenças e preconceitos sobre riqueza e abundância, além de influenciar a forma como interagimos com o dinheiro em nossas vidas diárias e estruturas sociais.

A percepção do dinheiro como uma ferramenta de capacitação, liberdade e oportunidade pode levar as pessoas a buscar empreendimentos empresariais, oportunidades de investimento e independência financeira. Por outro lado, as percepções negativas do dinheiro como fonte de estresse, ganância ou corrupção podem prejudicar o crescimento financeiro e o bem-estar.

Em conjunto, as percepções sociais do dinheiro contribuem para a construção de sistemas econômicos, instituições financeiras e padrões de distribuição de riqueza. O valor social atribuído ao dinheiro molda as políticas econômicas, as desigualdades sociais e a dinâmica de poder dentro das comunidades.

Compreender o impacto das percepções sociais sobre as estruturas financeiras é fundamental para abordar questões sistêmicas, como a desigualdade de renda, a pobreza e a exclusão financeira.

Em suma, a interação entre dinheiro e percepção ressalta a complexa relação entre crenças individuais, construções sociais e realidades econômicas. Ao reconhecer a influência da percepção sobre o valor e o significado do dinheiro, podemos cultivar uma mentalidade positiva em relação à riqueza, capacitar-nos a buscar metas financeiras e contribuir para a criação de uma sociedade mais equitativa e próspera. A adoção de uma mentalidade que valorize o dinheiro como uma ferramenta de crescimento, impacto e bem-estar pode levar a uma transformação holística em nível pessoal e social.

# Capítulo 15: Prosperidade Sustentável por Meio da Gestão da Riqueza

Cultivar uma mentalidade de abundância é essencial para reprogramar sua relação com o dinheiro. Adotar o conceito de abundância e riqueza como um direito inato pode ser um poderoso catalisador de mudanças.

Isso envolve mudar seu foco de uma mentalidade de escassez para uma de abundância, do medo para a confiança nas infinitas possibilidades do universo. Visualizar uma vida de liberdade financeira, em que o dinheiro flui sem esforço e as oportunidades são abundantes, pode ajudar a alinhar pensamentos e ações para atingir essas metas.

Enquanto isso, cultivar uma mentalidade de gratidão pela abundância já presente em sua vida também pode ajudar a mudar o foco do que está faltando para o que é abundante. Praticar a generosidade compartilhando a riqueza com outras pessoas e contribuindo para causas que estejam de acordo com os valores pessoais não apenas enriquece a vida dos outros, mas também abre canais para receber ainda mais abundância em troca.

Ao abraçar a liberdade financeira como uma jornada holística de capacitação, você pode transcender as limitações, liberar todo o seu potencial e criar uma vida de abundância e prosperidade que se alinhe com seus desejos e aspirações mais profundos.

Essa mentalidade de abundância também o ajuda a cultivar a resiliência, que é essencial para superar obstáculos, adaptar-se a desafios imprevistos e manter o sucesso a longo prazo.

Para desenvolver força diante da adversidade, há certos princípios e práticas que podem orientá-lo. Primeiro, é fundamental criar uma base financeira sólida. Isso inclui praticar orçamentos prudentes, desenvolver hábitos saudáveis de poupança e fazer escolhas estratégicas de investimento. Uma base sólida fornece uma rede de segurança contra choques financeiros inesperados, permitindo que você enfrente as tempestades com mais facilidade.

Também é importante abraçar o risco e a inovação em seus empreendimentos financeiros. Assumir riscos calculados e explorar estratégias inovadoras pode levar ao crescimento e ao sucesso. Sair da sua zona de conforto, estar aberto a novas oportunidades e adaptar-se às mudanças do mercado são essenciais para prosperar em um cenário financeiro dinâmico.Você também precisa desenvolver habilidades para gerenciar com eficácia o estresse, a incerteza e os contratempos, pois isso aumentará sua capacidade de tomar decisões acertadas sob pressão.

Aprender a regular as emoções e a se comunicar com eficiência pode aumentar sua resiliência em situações financeiras desafiadoras.

É mais fácil cultivar essas habilidades quando você está informado sobre as tendências do mercado, adota novas tecnologias e explora estratégias financeiras inovadoras que podem ajudá-lo a se adaptar às circunstâncias variáveis e a aproveitar as novas oportunidades de crescimento.

É por isso que você precisa se cercar de mentores, consultores e colegas que possam oferecer orientação, perspectiva e incentivo em momentos desafiadores. Cultivar relacionamentos baseados em confiança, colaboração e capacitação mútua desenvolve a resiliência financeira e a desenvoltura.

Flexibilidade e adaptabilidade são as principais características dos indivíduos financeiramente resilientes, permitindo que eles ajustem facilmente as estratégias e metas financeiras em resposta às mudanças nas circunstâncias.

Essa adaptabilidade é fundamental, pois permite que você crie um legado duradouro que atravessa gerações. A gestão sustentável do patrimônio está enraizada em um conjunto de princípios e ações fundamentais que fornecem a base para garantir a transferência contínua do patrimônio ao longo do tempo.No centro da gestão sustentável de patrimônio está a alocação estratégica de ativos, um princípio fundamental que envolve a criação de um plano cuidadosamente adaptado que se alinhe às suas metas financeiras, tolerância a riscos e horizonte de tempo. Ao diversificar de forma inteligente os investimentos em uma série de classes de ativos, você pode reduzir efetivamente os riscos e otimizar os retornos a longo prazo, construindo uma base financeira sólida para o futuro.

Complementar a alocação estratégica de ativos é o elemento central do planejamento financeiro de longo prazo, um componente indispensável das estratégias holísticas de gestão de patrimônio.

Ao criar cuidadosamente um roteiro financeiro abrangente que inclua planejamento de aposentadoria, estruturação de patrimônio, otimização de impostos e táticas de preservação de patrimônio, você pode preparar o caminho para um futuro financeiro seguro e garantir a criação de um legado duradouro para as próximas gerações.Na área de gestão de patrimônio sustentável, a integração do investimento de impacto e da responsabilidade social está surgindo como uma força motriz, reformulando os paradigmas de investimento com um ethos de capitalismo consciente. A adoção desses princípios não apenas alinha os investimentos aos valores pessoais, mas também apoia iniciativas que promovem a sustentabilidade ambiental, fomentam mudanças sociais positivas e geram retornos financeiros impactantes, incorporando uma combinação harmoniosa de lucro e propósito.Igualmente fundamental para a gestão sustentável do patrimônio é a faceta da gestão de riscos e do planejamento de contingência, que serve como um baluarte contra adversidades imprevistas que poderiam ameaçar a estabilidade financeira. Ao implementar proativamente estratégias robustas de mitigação de riscos e planos de contingência para lidar com as flutuações do mercado, incertezas econômicas ou crises pessoais, você pode proteger seu patrimônio e manter uma estabilidade financeira duradoura diante dos desafios.A aplicação de uma gestão de patrimônio adequada e sustentável permite a transferência de patrimônio entre gerações, anunciando uma abordagem estratégica para garantir a continuidade perfeita de ativos e valores entre as linhas familiares.

Usando ferramentas como fundos de confiança, testamentos e estruturas de governança familiar, você pode orquestrar a transferência de patrimônio com precisão e previsão, promovendo um legado de administração responsável e prosperidade intergeracional. E ao equipar as gerações futuras com o conhecimento e as habilidades necessárias para navegar pelas complexidades da tomada de decisões financeiras, você pode plantar as sementes da perspicácia financeira duradoura e da resiliência para outros, perpetuando um legado de administração informada e prosperidade sustentável.

# Capítulo 16: Valores Sociais e Sucesso Individual na Economia Global

O valor atribuído ao dinheiro varia entre as sociedades, abrangendo crenças tradicionais, tendências modernas e dinâmicas econômicas em evolução que moldam as percepções de riqueza e sucesso financeiro e influenciam a distribuição de riqueza, o acesso a oportunidades e a mobilidade econômica em uma comunidade.

Você pode ter mais oportunidades em um país do que em outro, não necessariamente porque uma nação é mais rica do que outra, mas porque suas habilidades, ideias e talentos são mais valorizados e pagos em um lugar do que em outro.

Muitos artistas alcançariam o sucesso se soubessem como buscá-lo em vez de forçá-lo. O mesmo vale para escritores que insistem em um determinado idioma em vez de considerar uma variedade de opções culturais e linguísticas. Também nos negócios, é mais provável que você tenha sucesso no que faz se escolher o ambiente certo para isso.

Por exemplo, um dos padeiros mais ricos que conheci era apenas mediano na França, mas fez toda a sua fortuna rapidamente em Xangai, e ele nem precisou mudar nada, apenas continuou fazendo o que estava fazendo, que era fazer croissants, pães e outros doces. Ele nem sequer era um empresário inteligente, mas estava no lugar certo para manifestar seus sonhos e até se casou com uma mulher local.

Os sistemas de valores sociais ditam a alocação de recursos, o reconhecimento das contribuições individuais e a priorização das atividades econômicas que são consistentes com os valores e as metas coletivas. Por outro lado, as desigualdades na distribuição de riqueza geralmente refletem hierarquias sociais subjacentes, estruturas de poder e legados históricos que afetam os resultados econômicos e a coesão social.

Seu valor como indivíduo é determinado não pelas percepções dos outros, mas por sua localização. Seja qual for o seu talento e o sonho que deseja manifestar, certamente há um lugar para ele, ou o sonho não viria até você e você não teria o talento para manifestá-lo.

É por isso que digo aos meus seguidores para não se preocuparem com o desconhecido, porque você não precisa saber onde ou quando seu talento se manifestará antes de trabalhar nele.

À medida que você evolui em direção ao sonho ideal em sua mente, os elementos necessários se manifestarão para você. A terra, a cidade e as pessoas virão até você.

Isso não significa que você deva permanecer na cidade que encontrar para sempre, mas simplesmente que há um lugar certo para tudo, para cada lição e para cada mudança necessária. Também é verdade que você não fracassa tanto no que faz quanto nas pessoas que encontra pelo caminho.

Passar tempo com as pessoas certas pode ser fundamental para atingir suas metas na vida. Mas encontrá-las não é tão importante quanto aprender a que tipo de pessoas você deve dizer não.

Antes de encontrar as pessoas certas, você precisa aprender a ficar sozinho e a dizer não às muitas pessoas erradas que aparecem em seu caminho.

Da mesma forma, antes de encontrar seu caminho na vida, você precisa fracassar e suportar a frustração de seguir os caminhos errados.

Os sistemas de valores de uma sociedade moldam as aspirações, motivações e atitudes individuais em relação ao dinheiro, influenciando a gestão financeira pessoal, as escolhas de carreira e as preferências de estilo de vida que refletem as normas e expectativas da sociedade, bem como a forma como os indivíduos dessas sociedades percebem os outros e a si mesmos.

O exame dos sistemas de valores sociais relacionados ao dinheiro revela a complexa interação entre cultura, economia e comportamento humano, permitindo que você avalie adequadamente seu potencial dentro dessa dinâmica. Entender como os valores sociais influenciam o conceito de dinheiro esclarece as complexidades da distribuição de riqueza, do desenvolvimento econômico e da coesão social nas comunidades.

Talvez você não faça amigos em sociedades que não compartilham seus valores, mas nunca se sentirá sozinho naquelas que compartilham. É por isso que, embora eu tenha tido dificuldades para manter uma conversa normal com os muitos idiotas que encontrei na Europa, incluindo os muitos nômades norte-americanos que conheci lá, acho fácil fazer amigos nos países asiáticos.

A sabedoria simplesmente não é algo que pertence ao Ocidente, mas ao Oriente. Aceitar essa realidade tornou mais fácil para mim melhorar minha vida, meu bem-estar, escrever mais livros, obter mais sucesso financeiro e até mesmo encontrar minha alma gêmea.

Você não precisa se desculpar por suas escolhas de vida, a menos que sinta que deve seu futuro ao seu passado e às pessoas que encontrou lá. Muitas vezes, aceitar a realidade à sua frente e sua negatividade é o primeiro passo para reconhecer a necessidade de mudar de local e encontrar o sucesso em outro lugar.

# Capítulo 17: Criação de Riqueza e Empreendedorismo na Era Digital

O desenvolvimento de sistemas de pagamento móvel e carteiras eletrônicas transformou a maneira como as pessoas realizam transações cotidianas, desde a compra de bens e serviços até a transferência de fundos e o gerenciamento de finanças pessoais de qualquer lugar do mundo, tornando muito fácil e acessível para qualquer pessoa se deslocar de um lugar para outro no planeta. Hoje podemos chamar esses indivíduos de nômades, mas somente porque as massas não aprenderam a normalizar essa dinâmica e permanecem presas aos estágios sociais anteriores, ou seja, agrário e industrial.

Entramos no estágio pós-industrial da sociedade, que começou a surgir no final do século XX e continua a evoluir até hoje. No entanto, embora a sociedade atual seja frequentemente chamada de sociedade pós-industrial devido à mudança de economias baseadas em manufatura para economias baseadas em serviços, o papel cada vez maior da tecnologia e da informação na vida cotidiana está nos levando a um estágio totalmente novo.

Esse novo estágio social é caracterizado por aplicativos de pagamento móvel, opções de pagamento sem contato e carteiras digitais, todos os quais simplificaram o processo de transação, permitindo que os usuários paguem convenientemente em seus smartphones, tablets ou dispositivos vestíveis. A conveniência, a velocidade e a acessibilidade das transações móveis remodelaram o comportamento do consumidor e as práticas dos comerciantes na era digital, indo além das moedas digitais e dos pagamentos móveis, chegando ao âmbito do comércio eletrônico, dos mercados on-line e dos ativos virtuais.

Esses recursos tornaram mais fácil fazer compras on-line, o que, por sua vez, facilitou o surgimento de empresas on-line e abriu um horizonte ilimitado no que diz respeito à necessidade de desenvolver aplicativos relacionados ao marketing e ao gerenciamento de produtos.

Hoje, qualquer adolescente com acesso à Internet pode iniciar um negócio on-line e vender praticamente qualquer coisa de qualquer lugar do mundo. Os métodos disponíveis são numerosos e se tornaram tão simples que qualquer pessoa pode ficar rica usando apenas um computador ou smartphone.

A proliferação de plataformas de compras on-line, mercados digitais e bens virtuais obscureceu os limites entre as transações físicas e digitais, criando novos caminhos para a participação econômica, a troca de valores e a criação de riqueza. Qualquer pessoa pode ser um empreendedor hoje em dia, bastando ter vontade de fazê-lo.

Há tantas oportunidades que você nem precisa mais de uma ideia. Há muitos produtos que podem ser vendidos sob qualquer marca, e a marca nada mais é do que uma palavra.

O futuro dos nossos sistemas econômicos está na convergência de inovações tecnológicas, estruturas regulatórias e preferências do consumidor que moldam o cenário das interações financeiras. Mas as atitudes culturais em relação ao dinheiro também influenciam os hábitos de consumo, as práticas de poupança e as decisões de investimento em todo o mundo.

Algumas culturas priorizam o bem-estar coletivo e o apoio da comunidade em detrimento do acúmulo de riqueza individual, enquanto outras enfatizam o sucesso financeiro pessoal e as posses materiais como marcadores de realização e felicidade.

A exploração das perspectivas globais sobre o dinheiro revela uma tapeçaria de valores, crenças e práticas que sustentam os comportamentos financeiros e as interações econômicas em diversos cenários culturais. Ao explorar a natureza multifacetada do dinheiro em um contexto global, podemos obter uma visão mais profunda da interconexão de economias, culturas e experiências humanas em um mundo cada vez mais interconectado.

O dinheiro desempenha um papel significativo na contribuição para a realização e a satisfação pessoal, cruzando-se com vários aspectos da experiência e do bem-estar humanos, mas a relação entre dinheiro e realização abrange não apenas a abundância material, mas também considerações espirituais, emocionais e relacionais que moldam o senso de satisfação e a qualidade de vida geral de um indivíduo.

A busca da realização pessoal por meio do dinheiro geralmente reflete desejos mais profundos de segurança, liberdade e autorrealização. O dinheiro é visto como um meio de atender às necessidades básicas, proporcionar conforto e criar oportunidades de crescimento e autoexpressão. Mas será que é errado buscar uma vida de abundância para aumentar nossa autoestima?

Tudo depende de quanto tempo você pode suportar se você se sentir perdido quando a sociedade insiste que o dinheiro determina o valor de suas estratégias e planos para o futuro.

Por exemplo, durante muitos anos fui chamado de louco por pessoas que não acreditavam que eu pudesse ter sucesso como escritor. Essa atitude em relação aos meus resultados persiste até hoje porque muitas pessoas não acreditam que eu faria o que já faço para viver.

A maioria das pessoas não acreditará em suas ideias antes de você ser bem-sucedido e talvez não acredite nelas depois de ser bem-sucedido, preferindo rotulá-lo de criminoso e mentiroso.

Embora muitas pessoas busquem a estabilidade financeira e a abundância como forma de atingir suas metas, perseguir suas paixões e ter um senso de realização e satisfação na vida, isso pode acontecer depois de muitos anos de luta, decepção e frustração, de modo que você não experimentará a felicidade até que se sinta confortável com a infelicidade.

Você não experimentará a riqueza até que se sinta confortável com a pobreza. Alguns dos empreendedores mais bem-sucedidos que conheço passaram por anos de extrema pobreza e fome.

# Capítulo 18: Cultivando Uma Relação Positiva Com o Dinheiro

Cultivar uma relação positiva com o dinheiro envolve alinhar as metas financeiras com valores pessoais, considerações éticas e um senso mais amplo de propósito e significado na vida.

Aqueles que veem o dinheiro como uma ferramenta para melhorar seu bem-estar, contribuir para o bem maior e apoiar o propósito de sua vida tendem a experimentar um senso mais profundo de realização e satisfação.

O impacto do dinheiro na realização pessoal está interligado ao bem-estar emocional, à saúde mental e à dinâmica dos relacionamentos. Desafios financeiros, dívidas e escassez podem levar ao estresse, à ansiedade e a sentimentos de inadequação que minam o senso de realização e a paz interior de um indivíduo.

Por outro lado, a segurança financeira, a abundância e as práticas sábias de administração do dinheiro podem promover um senso de confiança, capacitação e equilíbrio emocional, aumentando a satisfação e o bem-estar geral na vida.

A busca da realização por meio do dinheiro também envolve o equilíbrio entre os desejos materiais e o crescimento espiritual, o envolvimento comunitário e as contribuições para a sociedade.

As pessoas que veem o dinheiro como uma ferramenta para criar mudanças positivas, apoiar causas significativas e cultivar relacionamentos tendem a ter um senso mais profundo de realização e propósito em suas atividades financeiras. Encontrar a harmonia entre o sucesso financeiro e o bem-estar holístico envolve a integração de metas financeiras com crescimento pessoal, responsabilidade social e princípios espirituais para criar uma vida significativa e gratificante.

Explorar a relação do dinheiro com a realização pessoal revela a natureza multidimensional da riqueza e do bem-estar. Ao reconhecer o dinheiro como um recurso para atender às necessidades materiais e não materiais, podemos cultivar uma abordagem equilibrada para a gestão financeira que alinhe nossas metas financeiras com nossos valores, aspirações e visão geral de uma vida plena.

O dinheiro, quando usado de forma ponderada e intencional, tem o potencial de aumentar a realização pessoal, promover a felicidade e contribuir para uma vida com significado, alegria e satisfação.

Cultivar uma mentalidade de riqueza envolve o alinhamento das emoções, crenças, atitudes e comportamentos de uma pessoa com os princípios de abundância, sucesso e criação de riqueza para manifestar os resultados financeiros desejados.

Quando acreditamos que nossos esforços são para o bem maior, é mais provável que nos sintamos realizados, felizes e comprometidos com a criação de riqueza.

Em vez de se concentrar apenas no ganho pessoal, os indivíduos com uma mentalidade de riqueza priorizam a criação de valor para os outros por meio de produtos ou serviços que atendam a necessidades e desejos específicos. Ao compreender a dinâmica do mercado, identificar oportunidades e oferecer um valor excepcional, podemos colher recompensas financeiras e construir uma riqueza sustentável ao longo do tempo.

Ao mesmo tempo, não se pode subestimar a importância da autoconfiança e da conversa interna positiva para promover uma mentalidade de riqueza. Uma forte crença em suas habilidades, no valor de seu sucesso financeiro e na capacidade de atingir seus objetivos é um poderoso impulsionador da criação de riqueza.

A confiança capacita as pessoas a assumir riscos calculados, aproveitar oportunidades e perseverar diante dos desafios.A conversa interna positiva também desempenha um papel fundamental na formação da mentalidade de uma pessoa em direção à abundância. Ao substituir pensamentos negativos e crenças limitantes por afirmações de sucesso, abundância e prosperidade, podemos reprogramar a mente subconsciente para apoiar nossas metas financeiras.

Essa mudança de mentalidade pode ter um impacto profundo sobre comportamentos, atitudes e ações, levando-nos, em última análise, ao sucesso financeiro.Manter uma mentalidade de riqueza é mais do que acumular dinheiro. Trata-se de adotar um conjunto de crenças, atitudes e comportamentos que sejam consistentes com os princípios de abundância, sucesso e prosperidade. Ao cultivar uma mentalidade enraizada na criação de valor, disciplina, responsabilidade, autoconfiança e confiança nas nossas decisões, podemos nos posicionar para a abundância financeira, a realização e a criação de riqueza a longo prazo.

# Capítulo 19: A Interação Entre Bem-estar Financeiro e a Saúde Mental

A profunda conexão entre o bem-estar financeiro e a saúde mental não pode ser ignorada. Devemos adotar uma abordagem abrangente para o bem-estar financeiro que inclua resiliência psicológica, bem-estar emocional e conscientização sobre a saúde mental.

O peso dos desafios financeiros, das dívidas e da incerteza econômica pode contribuir significativamente para sentimentos de ansiedade, depressão e angústia emocional, que afetam nossa produtividade e capacidade de tomar decisões eficazes.

É aconselhável considerar a necessidade de apoio à saúde mental e serviços de aconselhamento ao enfrentar estresse financeiro ou desafios emocionais.

Muitos dos meus seguidores bem-sucedidos procuraram meus serviços de coaching quando estavam se sentindo em seu pior momento e não tinham perspectiva do que fazer com suas vidas, anos antes de alcançarem o sucesso.

Consultar profissionais de saúde mental, coaches de vida, terapeutas ou conselheiros pode ajudá-lo a desenvolver estratégias de enfrentamento, habilidades de resiliência e práticas de bem-estar emocional que apoiem sua jornada financeira.

Você é responsável por suas ações e por buscar ajuda daqueles que podem ajudá-lo, mas aprender com outras pessoas sobre como superar dificuldades emocionais pode lhe dar a resiliência e a autoconsciência para tomar melhores decisões financeiras e gerenciar a dinâmica dos relacionamentos de forma eficaz.

Você também deve se envolver em práticas de autocuidado e técnicas de redução de estresse, priorizando atividades que promovam o relaxamento, a atenção plena, a saúde física e o equilíbrio emocional.

Algumas dessas atividades podem incluir o envolvimento com comunidades de apoio, redes de colegas ou grupos de defesa da saúde mental. Ao se conectar com outras pessoas que entendem sua experiência, você pode cultivar empatia, compreensão compartilhada e apoio mútuo que contribuem para a conscientização sobre a saúde mental e a resiliência financeira.

A combinação dessas estratégias o capacitará a enfrentar os desafios financeiros com resiliência, compaixão e clareza mental.

À medida que desenvolvemos uma sabedoria mais elevada sobre o dinheiro, entendemos o poder transformador de dominar nossas emoções em relação ao dinheiro. Em vez de nos forçarmos a seguir caminhos que negam nossa individualidade, buscamos uma abordagem autoterapêutica para reprogramar nossas crenças e atitudes em relação à riqueza.

Essa abordagem da vida e do dinheiro enfatiza as considerações éticas em questões financeiras e esclarece o vínculo inextricável entre sucesso financeiro, maturidade espiritual e bem-estar psicológico.

Ao buscar uma vida de abundância financeira, somos chamados a alinhar nossas aspirações financeiras com nossos valores pessoais mais profundos e a cultivar uma mentalidade de abundância que vai além da mera acumulação de riqueza.

À medida que nos aprofundamos na intrincada relação entre dinheiro e emoções, passamos a entender como nossos estados emocionais afetam nossa riqueza, felicidade e realização espiritual. Desvendamos o impacto de nossas crenças, mentalidade subconsciente e preconceitos comportamentais em nossas decisões financeiras, desafiando-nos a adotar uma mentalidade de riqueza, tomar decisões informadas e priorizar estratégias de longo prazo em vez de ganhos imediatos.Em última análise, o caminho para a capacitação financeira e a prosperidade exige uma abordagem holística - que englobe a gestão ética da riqueza, a riqueza sustentável e uma relação harmoniosa com o dinheiro e o sucesso. É uma jornada que nos leva a uma compreensão mais profunda de nossos valores e propósitos e nos capacita a criar um legado que transcende a mera riqueza material.Ao percorrermos esse caminho, lembremo-nos de que a verdadeira abundância não é medida apenas em números, mas na riqueza de nosso espírito, na profundidade de nossa compaixão e no legado de integridade que deixamos para trás.

Que possamos trilhar esse caminho com graça, sabedoria e um compromisso inabalável de criar um mundo em que a capacitação financeira seja sinônimo de realização espiritual e verdadeira prosperidade.

# Glossário

Abundância, Mentalidade de: Uma perspectiva que vê recursos, oportunidades e riqueza como abundantes e acessíveis.

Alquimia do Dinheiro: O processo transformador de entender e utilizar o dinheiro como uma forma de energia e uma ferramenta para crescimento pessoal.

Altruísta, Criação de Riqueza: Gerar riqueza com a intenção de beneficiar a sociedade e contribuir para o bem maior.

Bem-estar Financeiro: O estado de bem-estar geral relacionado à situação financeira de uma pessoa, abrangendo tanto a prosperidade material quanto a saúde mental/emocional.

Coletivos, Valores: Crenças, atitudes e prioridades compartilhadas dentro de uma sociedade que influenciam sistemas econômicos e comportamentos financeiros individuais.

Consciência: O estado de percepção e consciência que molda a compreensão de uma pessoa sobre riqueza, sucesso e realização pessoal.

Crenças Subconscientes: Atitudes e percepções profundamente arraigadas sobre dinheiro e riqueza que operam abaixo do nível de consciência.

Dança Simbólica do Dinheiro: A complexa interação entre dinheiro, valores pessoais, normas sociais e comportamentos individuais.

Digital, Economia da Era: O cenário econômico moldado por avanços tecnológicos, incluindo moedas digitais e mercados online.

Dinheiro como Energia: A perspectiva que vê o dinheiro como uma forma de energia que flui e circula para criar oportunidades e facilitar o crescimento.

Emocional, Moeda: As associações e respostas emocionais que os indivíduos têm em relação ao dinheiro.

Escassez, Mentalidade de: Uma perspectiva que vê recursos, incluindo dinheiro, como limitados e difíceis de obter.

Espiritual, Economia: A integração de princípios e práticas espirituais na tomada de decisões financeiras e estratégias de criação de riqueza.

Ética, Gestão de Riqueza: Gerenciar recursos financeiros em alinhamento com princípios morais e responsabilidade social.

Felicidade Nacional Bruta (FNB): Um modelo econômico alternativo que prioriza o bem-estar e a felicidade dos cidadãos em vez de medidas tradicionais de crescimento econômico.

Financeira, Alquimia: O processo de transformar a relação de uma pessoa com o dinheiro através de práticas espirituais e psicológicas.

Financeira, Capacitação: Ganhar conhecimento, habilidades e confiança para tomar decisões financeiras informadas.

Financeira, Resiliência: A capacidade de resistir e se recuperar de contratempos financeiros e se adaptar a circunstâncias econômicas em mudança.

Global, Economia: O sistema interconectado de atividades econômicas e trocas financeiras entre diferentes países e culturas.

Holística, Prosperidade: Uma abordagem abrangente da riqueza que integra sucesso financeiro com crescimento espiritual e satisfação geral com a vida.

Ilusória, Natureza do Dinheiro: O conceito de que o dinheiro é uma representação simbólica de valor, em vez de uma fonte inerente de valor ou felicidade.

Lei da Atração: A crença de que pensamentos e atitudes positivos ou negativos podem influenciar as experiências de vida e os resultados financeiros de uma pessoa.

Manifestação: O processo de trazer desejos e objetivos à realidade através de intenção focada, crença e ação.

Percepção de Riqueza: Como indivíduos e sociedades veem e interpretam o conceito de riqueza, influenciando atitudes e comportamentos relacionados ao dinheiro.

Pessoal, Alinhamento de Valores: Garantir que os objetivos e práticas financeiras de uma pessoa estejam em harmonia com seus valores pessoais e propósito de vida.

Positivas, Afirmações Financeiras: Declarações usadas para reprogramar crenças subconscientes sobre dinheiro e riqueza.

Prosperidade, Consciência de: Um estado mental que está aberto e expectante de abundância e sucesso em todas as áreas da vida.

Responsabilidade Social na Riqueza: A ideia de que indivíduos e empresas têm o dever de usar sua riqueza de maneiras que beneficiem a sociedade.

Riqueza, Consciência de: Um estado mental alinhado com abundância, prosperidade e o potencial ilimitado para a criação de riqueza.

Riqueza, Mentalidade de: Um conjunto de crenças, atitudes e comportamentos que apoiam a criação e manutenção de abundância financeira.

Sustentável, Prosperidade: Uma abordagem de longo prazo para a criação de riqueza que equilibra o sucesso financeiro com a gestão ambiental e a responsabilidade social.

Valor, Criação de: O processo de gerar valor através de produtos, serviços ou ideias que atendam a necessidades ou desejos específicos no mercado.

# Solicitação de resenha de livro

Caro leitor,

Obrigado por adquirir este livro! Gostaria muito de saber sua opinião. Escrever uma resenha de livro ajuda a entender os leitores e também afeta as decisões de compra de outros leitores. Sua opinião é importante. Por favor, escreva uma resenha sobre o livro! Sua gentileza é muito apreciada!

# Sobre o autor

Dan Desmarques é um autor renomado com um histórico notável no mundo literário. Com um portfólio impressionante de 28 best-sellers da Amazon, incluindo oito best-sellers nº 1, Dan é uma figura respeitada no setor. Com base em sua formação como professor universitário de redação acadêmica e criativa, bem como em sua experiência como consultor de negócios experiente, Dan traz uma combinação única de conhecimento para seu trabalho. Suas percepções profundas e seu conteúdo transformador atraem um público amplo, abrangendo tópicos tão diversos quanto crescimento pessoal, sucesso, espiritualidade e o significado mais profundo da vida. Por meio de seus escritos, Dan capacita os leitores a se libertarem das limitações, liberarem seu potencial interior e embarcarem em uma jornada de autodescoberta e transformação. Em um mercado competitivo de autoajuda, o talento excepcional e as histórias inspiradoras de Dan fazem dele um autor de destaque, motivando os leitores a se envolverem com seus livros e a embarcarem em um caminho de crescimento pessoal e iluminação.

# Também escrito pelo autor

1. 66 Days to Change Your Life: 12 Steps to Effortlessly Remove Mental Blocks, Reprogram Your Brain and Become a Money Magnet
2. A New Way of Being: How to Rewire Your Brain and Take Control of Your Life
3. Abnormal: How to Train Yourself to Think Differently and Permanently Overcome Evil Thoughts
4. Alignment: The Process of Transmutation Within the Mechanics of Life
5. Audacity: How to Make Fast and Efficient Decisions in Any Situation
6. Christ Cult Codex: The Untold Secrets of the Abrahamic Religions and the Cult of Jesus
7. Codex Illuminatus: Quotes & Sayings of Dan

Desmarques

8. Collective Consciousness: How to Transcend Mass Consciousness and Become One With the Universe
9. Creativity: Everything You Always Wanted to Know About How to Use Your Imagination to Create Original Art That People Admire
10. Deception: When Everything You Know about God is Wrong
11. Demigod: What Happens When You Transcend The Human Nature?
12. Discernment: How Do Your Emotions Affect Moral Decision-Making?
13. Eclipsing Mediocrity: How to Unveil Hidden Realities and Master Life's Challenges
14. Fearless: Powerful Ways to Get Abundance Flowing into Your Life
15. Feel, Think and Grow Rich: 4 Elements to Attract Success in Life
16. Find Your Flow: How to Get Wisdom and Knowledge from God
17. Holistic Psychology: 77 Secrets about the Mind That They Don't Want You to Know

18. How to Change the World: The Path of Global Ascension Through Consciousness

19. How to Get Lucky: How to Change Your Mind and Get Anything in Life

20. How to Improve Your Self-Esteem: 34 Essential Life Lessons Everyone Should Learn to Find Genuine Happiness

21. How to Study and Understand Anything: Discovering The Secrets of the Greatest Geniuses in History

22. Legacy: How to Build a Life Worth Remembering

23. Religious Leadership: The 8 Rules Behind Successful Congregations

24. Reset: How to Observe Life Through the Hidden Dimensions of Reality and Change Your Destiny

25. Resilience: The Art of Confronting Reality Against the Odds

26. Singularity: What to Do When You Lose Hope in Everything

27. Spiritual Warfare: What You Need to Know About Overcoming Adversity

28. Starseed: Secret Teachings about Heaven and the Future of Humanity

29. Technocracy: The New World Order of the Illuminati and The Battle Between Good and Evil

30. The 10 Laws of Transmutation: The Multidimensional Power of Your Subconscious Mind

31. The 14 Karmic Laws of Love: How to Develop a Healthy and Conscious Relationship With Your Soulmate

32. The 33 Laws of Persistence: How to Overcome Obstacles and Upgrade Your Mindset for Success

33. The 36 Laws of Happiness: How to Solve Urgent Problems and Create a Better Future

34. The Alchemy of Truth: Embracing Change and Transcending Time

35. The Antagonists: What Makes a Successful Person Different?

36. The Antichrist: The Grand Plan of Total Global Enslavement

37. The Awakening: How to Turn Darkness Into Light and Ascend to Higher Dimensions of Existence

38. The Egyptian Mysteries: Essential Hermetic Teachings for a Complete Spiritual Reformation

39. The Evil Within: The Spiritual Battle in Your Mind Deception: When Everything You Know about God is

Wrong

40. The Game of Life and How to Play It: How to Get Anything You Want in Life

41. The Hidden Language of God: How to Find a Balance Between Freedom and Responsibility

42. The Most Powerful Quotes: 400 Motivational Quotes and Sayings

43. The Secret Beliefs of The Illuminati: The Complete Truth About Manifesting Money Using The Law of Attraction That is Being Hidden From You

44. The Secret Empire: The Hidden Truth Behind the Power Elite and the Knights of the New World Order

45. The Secret Science of the Soul: How to Transcend Common Sense and Get What You Really Want From Life

46. The Spiritual Laws of Money: The 31 Best-kept Secrets to Life-long Abundance

47. The Spiritual Mechanics of Love: Secrets They Don't Want You to Know about Understanding and Processing Emotions

48. Unacknowledged: How Negative Emotions Affect Your Mental Health?

49. Unapologetic: Taking Control of Your Mind for a Happier and Healthier Life

50. Uncommon: Transcending the Lies of the Mental Health Industry

51. Unlocked: How to Get Answers from Your Subconscious Mind and Control Your Life

52. Your Full Potential: How to Overcome Fear and Solve Any Problem

53. Your Soul Purpose: Reincarnation and the Spectrum of Consciousness in Human Evolution

# Sobre a editora

Esse livro foi publicado pela 22 Lions Publishing.

www.22Lions.com

www.ingramcontent.com/pod-product-compliance
Lightning Source LLC
LaVergne TN
LVHW051110051026
849532LV00004BB/1495
* 9 7 9 8 3 3 0 3 9 7 9 4 5 *